The Seven-Minute Synergy Workbook by Myisha T.

Copyright © 2018 Myisha T.
All rights reserved.
ISBN: 1-68411-529-9
ISBN-13: 978-1-68411-529-7

To Dante, Micah, Melechs, and Naima

Thank you for being my inspiration
to create a way to celebrate our
different-abilities.

It is my hope this workbook helps
you celebrate your wins!

Table of Contents

ACKNOWLEDGMENTS	7
THE THERAPEUTIC BENEFITS OF PLANNING & JOURNALING	8
WHAT IS SYNERGY?	10
HOW IT WORKS	12
ABOUT MYISHA T	275

Acknowledgments

Toney – Thank you for helping me back my process and vision this amazing workbook.

Mom – Thanks for reminding me to not just overthink but test out amazing ideas.

Micah! Thanks for reminding me to get things done, to track my time, and appreciate where we are.

The Therapeutic Benefits of Planning & Journaling

The self-help world is rife with all sorts of well-meaning "hacks" that promise maximum productivity and growth in our daily lives. A simple INTERNET search will you give you back hundreds – if not, thousands – of articles that list out what CEOs, Life Gurus, and other successful individuals do in order to achieve as much as they do. For folks like us living average lives, typically grinding out through a 9-to-5 job or running small side businesses and at the same time trying our best to manage a household, these vast solutions can beat us with tremendous overwhelm that we end up not being able to successfully integrate these habits into our daily routines.

What this workbook offers is a simple, easy and sustainable two-pronged approach in order for you to actually implement what needs to be done while maintaining a healthy dose of self-care in your life – and all it takes is just SEVEN MINUTES of your day in order to figure out the best way you can spend the rest of your 1433 minutes.

For many of us, work-life balance is a fantasy and the scale tips in favor of one or the other more most of the time – and that's okay! What matters is that we get to do a little bit of each in order to maintain a sense of control over each facet of our lives so as not to feel that we're lacking on any specific areas.

Planning your weekly and daily tasks allow you to prioritize what needs to be accomplished so that you can focus solely on what will essentially keep your life moving along. In effect, you get to prepare for the obstacles that you may face for each task and maintain a bigger picture of your goals ahead.

Journaling, on the other hand, gives us time to unwind and process our development over time. Studies have shown that journaling reduces stress, lowers symptoms of anxiety and depression, and at the same time helps one to explore solutions to overcome these issues. Maintaining this daily habit also has physical benefits aside from the mentioned mental and emotional advantages. There have been numerous evidences that show that journaling helps with sleep improvement, faster wound healing and greater mobility especially for those suffering arthritis, among many other benefits.

The overall goal of this workbook is to be able to give you the tools and confidence to know that achieving SYNERGY in the stress-filled, fast-paced and overly-demanding world that we live in is entirely possible, and I am so excited and privileged to guide you in this wonderful journey every step of the way!

What Is Synergy?

syn·er·gy
ˈsinərjē/
noun: the interaction or cooperation of two or more organizations, substances, or other agents to produce a combined effect greater than the sum of their separate effects.

The key to life success, mental/emotional clarity, and overall wellness is to eliminate the idea of "work-life balance" and begin to create a Synergistic Lifestyle! Once I eliminated my belief in the work-life balance, **I broke free from merely surviving and onto Synergizing and Thriving!**

Synergy helps us **eliminate the push and pull** of life and business bringing both areas in complete sync and recognizes our ability to produce greater results.

The myth of the work-life balance has two assumptions:

1. Working and life are two separate entities, and;
2. The non-work elements of your existence with all your life are equally if not more important than the work elements.

Those are really not true. Your life and business are inter-sectional, and you can't lead one part without the other. The work-life balance concept keeps us living in a constant state of fight or flight that causes burnout, overwhelm, and confusion.

Synergistic Living™ is the idea that the whole self, and outward influences are greater than the sum of its parts. **Your whole self includes your mind body and spirit.**

While the outside influences include your family, friends, and career. Work-life balance is the idea that everything is segmented in a specific way, but by promoting a Synergistic Lifestyle, you're able to allow your life to flow and be in sync whether you're coming from the life or the business perspective.

This workbook supports you in creating a Synergist Lifestyle to help you Synergize, Focus and Thrive in your everyday life!

How it Works

Start of the Week:

1. You'll jump start each week completing your **Eisenhower Matrix**. This was a decision-making tool that Pres. Eisenhower used to effectively **prioritize his time** to achieve **maximum productivity**.

There are four sections wherein you will do a 'brain dump' of all the **Life and Business Tasks** that you have for the week. For each task that you can think of, you must judge it's level of **Urgency** and **Importance**, and plot it down to the appropriate quadrant of the chart where the two intersect.

- **DO** (Urgent & Important)- These are tasks that you have to finish immediately and considered as the most essential of all.

- **DECIDE** (Not Urgent & Important)- This section is for tasks that are important but are flexible enough for you to schedule at a later time or date.

- **DELEGATE** (Urgent & Not Important)- Items that fall under this category are better off being attended to by someone else so you can spend more time working on the most important tasks instead.

- **DELETE** (Not Urgent & Not Important)- These are activites that are neither urgent nor important, and would be more beneficial for you if you remove it from your to-do list or even eliminate from your daily habits.

Weekly Planning

- TOP 3 **BUSINESS** TASKS:
    1. _____
    2. _____
    3. _____

- TOP 3 **LIFE** TASKS:
    1. _____
    2. _____
    3. _____

- MY **AFFIRMATION** FOR THE WEEK:
    _____
    _____
    _____

- HOW WILL YOU **REWARD** YOURSELF FOR COMPLETING YOUR SYNERGY IN 7 LIST?
    _____

2. Fill-up the **Weekly Planning Sheet** with the Top 3 Life & Business tasks that you've determined from the Eisenhower Matrix (these top tasks would typically come from your 'DO' list).

Next, write down your **Affirmation** for the week. An affirmation is your self-fulfilling prophecy for your life. Remember: what you think about you bring about, creating your affirmation helps you start your week with the right mindset.

And don't forget to **reward** yourself if you complete your Synergy in 7 List for the week!

Daily:

1. Think of your **Affirmation for the day** and jot it down on the space allotted.

2. Refer to your Eisenhower Matrix of the week and **transfer the tasks under the Do, Delegate & Decide sections** that should be accomplished during the day and start picturing how you will get them done.

3. **Morning Routine:** At the start of each day, assign yourself ONLY **three Business Tasks and three Life Tasks** and write them down at the spaces provided.

4. **Evening Check-In:** Each night you'll **reflect on how your day went.** You'll ask reflect in your wins and carry over unfinished tasks to the next day. The idea is not to continue with a never-ending list but to do one thing well! **You'll also reflect on self-care and gratitude for the day.**

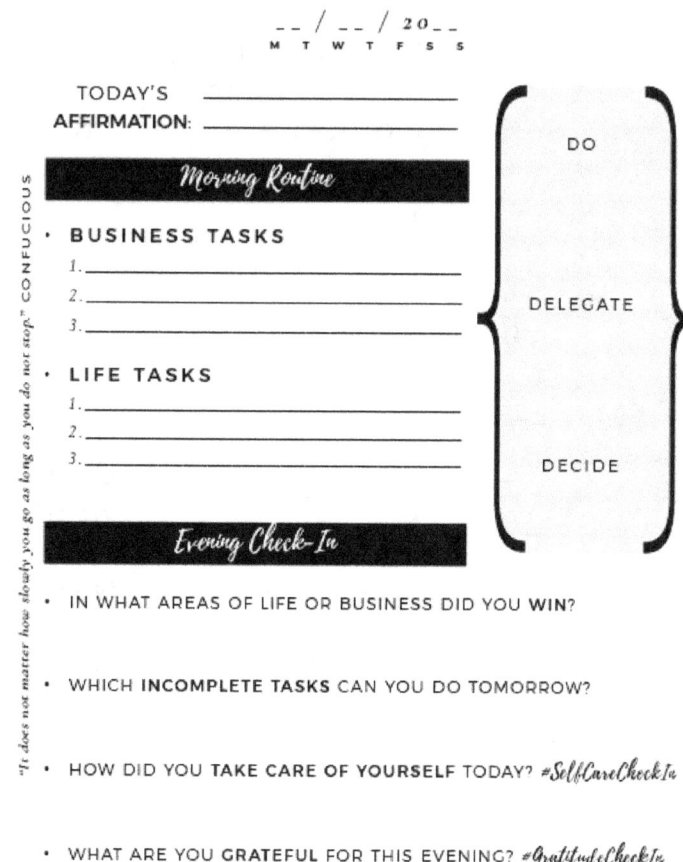

Weekly Review

- HOW DID YOU **WIN** THIS WEEK?
  _____
  _____
  _____

- IN WHAT AREAS DID YOU **FALL SHORT**?
  _____
  _____
  _____

- HOW CAN YOU **IMPROVE** NEXT WEEK?
  _____
  _____
  _____

- WHAT WAS YOUR **REWARD** FOR COMPLETING YOUR PLANNER THIS WEEK?
  _____

Weekly Review:

At the end of the week you'll write out all your wins and losses. It's important to track where you are so you can think of what areas and what ways you can improve in the near future.

Monthly Check-In:

In order to track your long-term progress, at the end of every month, you will do **a reflection of your performance and accomplishments for the past 4 weeks.** In this section, you can celebrate your successes every month, and think of ways you can further your progress towards a Synergistic Lifestyle!

Monthly Check-In

- WHAT WERE YOUR **WINS** THIS MONTH?
  _____
  _____
  _____

- IN WHAT AREAS DID YOU **FALL SHORT**?
  _____
  _____
  _____

- HOW CAN YOU **IMPROVE** NEXT MONTH?
  _____
  _____
  _____

- NOTES:
  _____
  _____
  _____

Weekly Prioritization

	URGENT	NOT URGENT
IMPORTANT	{DO}	{DECIDE}
NOT IMPORTANT	{DELEGATE}	{DELETE}

Weekly Planning

- TOP 3 **BUSINESS** TASKS:

    1. _____
    2. _____
    3. _____

- TOP 3 **LIFE** TASKS:

    1. _____
    2. _____
    3. _____

- MY **AFFIRMATION** FOR THE WEEK:

    _____
    _____
    _____

- HOW WILL YOU **REWARD** YOURSELF FOR COMPLETING YOUR SYNERGY IN 7 LIST?

    _____

__ / __ / 20__

M T W T F S S

TODAY'S AFFIRMATION: _____

Morning Routine

- **BUSINESS TASKS**
  1. _____
  2. _____
  3. _____

- **LIFE TASKS**
  1. _____
  2. _____
  3. _____

DO

DELEGATE

DECIDE

"It does not matter how slowly you go as long as you do not stop." CONFUCIOUS

Evening Check-In

- IN WHAT AREAS OF LIFE OR BUSINESS DID YOU **WIN**?

- WHICH **INCOMPLETE TASKS** CAN YOU DO TOMORROW?

- HOW DID YOU **TAKE CARE OF YOURSELF** TODAY? *#SelfCareCheckIn*

- WHAT ARE YOU **GRATEFUL** FOR THIS EVENING? *#GratitudeCheckIn*

__ / __ / 20__

M T W T F S S

TODAY'S AFFIRMATION: _____

Morning Routine

- **BUSINESS TASKS**
    1. _____
    2. _____
    3. _____

- **LIFE TASKS**
    1. _____
    2. _____
    3. _____

DO

DELEGATE

DECIDE

"The most effective way to do it, is to do it." — AMELIA EARHART

Evening Check-In

- IN WHAT AREAS OF LIFE OR BUSINESS DID YOU **WIN**?

- WHICH **INCOMPLETE TASKS** CAN YOU DO TOMORROW?

- HOW DID YOU **TAKE CARE OF YOURSELF** TODAY? *#SelfCareCheckIn*

- WHAT ARE YOU **GRATEFUL** FOR THIS EVENING? *#GratitudeCheckIn*

__ / __ / 20 __

M T W T F S S

TODAY'S AFFIRMATION: _____

Morning Routine

- **BUSINESS TASKS**
    1. _____
    2. _____
    3. _____

- **LIFE TASKS**
    1. _____
    2. _____
    3. _____

{ DO

DELEGATE

DECIDE }

"Perseverance is failing 19 times and succeeding the 20th." JULIE ANDREWS

Evening Check-In

- IN WHAT AREAS OF LIFE OR BUSINESS DID YOU **WIN**?

- WHICH **INCOMPLETE TASKS** CAN YOU DO TOMORROW?

- HOW DID YOU **TAKE CARE OF YOURSELF** TODAY? *#SelfCareCheckIn*

- WHAT ARE YOU **GRATEFUL** FOR THIS EVENING? *#GratitudeCheckIn*

__ / __ / 20 __
M T W T F S S

TODAY'S AFFIRMATION: _____

Morning Routine

- **BUSINESS TASKS**
    1. _____
    2. _____
    3. _____

- **LIFE TASKS**
    1. _____
    2. _____
    3. _____

DO

DELEGATE

DECIDE

"Passion is energy. Feel the power that comes from focusing on what excites you." — OPRAH WINFREY

Evening Check-In

- IN WHAT AREAS OF LIFE OR BUSINESS DID YOU **WIN**?

- WHICH **INCOMPLETE TASKS** CAN YOU DO TOMORROW?

- HOW DID YOU **TAKE CARE OF YOURSELF** TODAY? *#SelfCareCheckIn*

- WHAT ARE YOU **GRATEFUL** FOR THIS EVENING? *#GratitudeCheckIn*

__ / __ / 20__

M T W T F S S

TODAY'S AFFIRMATION: _____

Morning Routine

- **BUSINESS TASKS**
  1. _____
  2. _____
  3. _____

- **LIFE TASKS**
  1. _____
  2. _____
  3. _____

{ DO

  DELEGATE

  DECIDE }

Evening Check-In

- IN WHAT AREAS OF LIFE OR BUSINESS DID YOU **WIN**?

- WHICH **INCOMPLETE TASKS** CAN YOU DO TOMORROW?

- HOW DID YOU **TAKE CARE OF YOURSELF** TODAY? *#SelfCareCheckIn*

- WHAT ARE YOU **GRATEFUL** FOR THIS EVENING? *#GratitudeCheckIn*

"A good plan violently executed now is better than a perfect plan executed next week." — GEORGE S. PATTON

__ / __ / 20__
M T W T F S S

TODAY'S AFFIRMATION: _____
_____

Morning Routine

- **BUSINESS TASKS**
    1. _____
    2. _____
    3. _____

- **LIFE TASKS**
    1. _____
    2. _____
    3. _____

DO

DELEGATE

DECIDE

"March on. Do not tarry. To go forward is to move toward perfection. March on, and fear not the thorns, or the sharp stones on life's path."
— KHALIL GIBRAN

Evening Check-In

- IN WHAT AREAS OF LIFE OR BUSINESS DID YOU **WIN**?

- WHICH **INCOMPLETE TASKS** CAN YOU DO TOMORROW?

- HOW DID YOU **TAKE CARE OF YOURSELF** TODAY? *#SelfCareCheckIn*

- WHAT ARE YOU **GRATEFUL** FOR THIS EVENING? *#GratitudeCheckIn*

__ / __ / 20__

M T W T F S S

TODAY'S AFFIRMATION: _____

Morning Routine

- **BUSINESS TASKS**
    1. _____
    2. _____
    3. _____

- **LIFE TASKS**
    1. _____
    2. _____
    3. _____

DO

DELEGATE

DECIDE

"A goal is a dream with a deadline." NAPOLEON HILL

Evening Check-In

- IN WHAT AREAS OF LIFE OR BUSINESS DID YOU **WIN**?

- WHICH **INCOMPLETE TASKS** CAN YOU DO TOMORROW?

- HOW DID YOU **TAKE CARE OF YOURSELF** TODAY? *#SelfCareCheckIn*

- WHAT ARE YOU **GRATEFUL** FOR THIS EVENING? *#GratitudeCheckIn*

Weekly Review

- HOW DID YOU **WIN** THIS WEEK?

  _____
  _____
  _____

- IN WHAT AREAS DID YOU **FALL SHORT**?

  _____
  _____
  _____

- HOW CAN YOU **IMPROVE** NEXT WEEK?

  _____
  _____
  _____

- WHAT WAS YOUR **REWARD** FOR COMPLETING YOUR PLANNER THIS WEEK?

  _____

Weekly Prioritization

	URGENT	NOT URGENT
IMPORTANT	{DO}	{DECIDE}
NOT IMPORTANT	{DELEGATE}	{DELETE}

Weekly Planning

- TOP 3 **BUSINESS** TASKS:

    1. _____
    2. _____
    3. _____

- TOP 3 **LIFE** TASKS:

    1. _____
    2. _____
    3. _____

- MY **AFFIRMATION** FOR THE WEEK:

    _____
    _____
    _____

- HOW WILL YOU **REWARD** YOURSELF FOR COMPLETING YOUR SYNERGY IN 7 LIST?

    _____

__ / __ / 20__

M T W T F S S

TODAY'S AFFIRMATION: _____

Morning Routine

- **BUSINESS TASKS**
  1. _____
  2. _____
  3. _____

- **LIFE TASKS**
  1. _____
  2. _____
  3. _____

{ DO

DELEGATE

DECIDE }

"A somebody was once a nobody who wanted to and did." JOHN BURROUGHS

Evening Check-In

- IN WHAT AREAS OF LIFE OR BUSINESS DID YOU **WIN**?

- WHICH **INCOMPLETE TASKS** CAN YOU DO TOMORROW?

- HOW DID YOU **TAKE CARE OF YOURSELF** TODAY? *#SelfCareCheckIn*

- WHAT ARE YOU **GRATEFUL** FOR THIS EVENING? *#GratitudeCheckIn*

__ / __ / 20__

M T W T F S S

TODAY'S AFFIRMATION: _____

Morning Routine

- **BUSINESS TASKS**
    1. _____
    2. _____
    3. _____

- **LIFE TASKS**
    1. _____
    2. _____
    3. _____

DO

DELEGATE

DECIDE

"Change your life today. Don't gamble on the future, act now, without delay" SIMONE DE BEAUVOIR

Evening Check-In

- IN WHAT AREAS OF LIFE OR BUSINESS DID YOU **WIN**?

- WHICH **INCOMPLETE TASKS** CAN YOU DO TOMORROW?

- HOW DID YOU **TAKE CARE OF YOURSELF** TODAY? *#SelfCareCheckIn*

- WHAT ARE YOU **GRATEFUL** FOR THIS EVENING? *#GratitudeCheckIn*

__ / __ / 20__

M T W T F S S

TODAY'S AFFIRMATION: _____

Morning Routine

- **BUSINESS TASKS**
  1. _____
  2. _____
  3. _____

- **LIFE TASKS**
  1. _____
  2. _____
  3. _____

DO

DELEGATE

DECIDE

"Even if you fall on your face, you're still moving forward." VICTOR KIAM

Evening Check-In

- IN WHAT AREAS OF LIFE OR BUSINESS DID YOU **WIN**?

- WHICH **INCOMPLETE TASKS** CAN YOU DO TOMORROW?

- HOW DID YOU **TAKE CARE OF YOURSELF** TODAY? *#SelfCareCheckIn*

- WHAT ARE YOU **GRATEFUL** FOR THIS EVENING? *#GratitudeCheckIn*

__ / __ / 20__

M T W T F S S

TODAY'S AFFIRMATION: _____

Morning Routine

- **BUSINESS TASKS**
    1. _____
    2. _____
    3. _____

- **LIFE TASKS**
    1. _____
    2. _____
    3. _____

{ DO

DELEGATE

DECIDE }

Evening Check-In

- IN WHAT AREAS OF LIFE OR BUSINESS DID YOU **WIN**?

- WHICH **INCOMPLETE TASKS** CAN YOU DO TOMORROW?

- HOW DID YOU **TAKE CARE OF YOURSELF** TODAY? *#SelfCareCheckIn*

- WHAT ARE YOU **GRATEFUL** FOR THIS EVENING? *#GratitudeCheckIn*

"Decide what you want, decide what you are willing to exchange for it. Establish your priorities and go to work." — H. L. HUNT

__ / __ / 20__
M T W T F S S

TODAY'S AFFIRMATION: _____
_____

"True happiness involves the full use of one's power and talents." JOHN W. GARDNER

Morning Routine

- **BUSINESS TASKS**
    1. _____
    2. _____
    3. _____

- **LIFE TASKS**
    1. _____
    2. _____
    3. _____

{ DO

DELEGATE

DECIDE }

Evening Check-In

- IN WHAT AREAS OF LIFE OR BUSINESS DID YOU **WIN**?

- WHICH **INCOMPLETE TASKS** CAN YOU DO TOMORROW?

- HOW DID YOU **TAKE CARE OF YOURSELF** TODAY? *#SelfCareCheckIn*

- WHAT ARE YOU **GRATEFUL** FOR THIS EVENING? *#GratitudeCheckIn*

__ / __ / 20__

M T W T F S S

TODAY'S AFFIRMATION: _____

Morning Routine

- **BUSINESS TASKS**
    1. _____
    2. _____
    3. _____

- **LIFE TASKS**
    1. _____
    2. _____
    3. _____

DO

DELEGATE

DECIDE

"Motivation will almost always beat mere talent." — NORMAN RALPH AUGUSTINE

Evening Check-In

- IN WHAT AREAS OF LIFE OR BUSINESS DID YOU **WIN**?

- WHICH **INCOMPLETE TASKS** CAN YOU DO TOMORROW?

- HOW DID YOU **TAKE CARE OF YOURSELF** TODAY? *#SelfCareCheckIn*

- WHAT ARE YOU **GRATEFUL** FOR THIS EVENING? *#GratitudeCheckIn*

__ / __ / 20 __

M T W T F S S

TODAY'S AFFIRMATION: _____

"Small deeds done are better than great deeds planned." PETER MARSHALL

Morning Routine

- **BUSINESS TASKS**
    1. _____
    2. _____
    3. _____

- **LIFE TASKS**
    1. _____
    2. _____
    3. _____

{ DO

DELEGATE

DECIDE }

Evening Check-In

- IN WHAT AREAS OF LIFE OR BUSINESS DID YOU **WIN**?

- WHICH **INCOMPLETE TASKS** CAN YOU DO TOMORROW?

- HOW DID YOU **TAKE CARE OF YOURSELF** TODAY? *#SelfCareCheckIn*

- WHAT ARE YOU **GRATEFUL** FOR THIS EVENING? *#GratitudeCheckIn*

Weekly Review

- HOW DID YOU **WIN** THIS WEEK?

  _____
  _____
  _____

- IN WHAT AREAS DID YOU **FALL SHORT**?

  _____
  _____
  _____

- HOW CAN YOU **IMPROVE** NEXT WEEK?

  _____
  _____
  _____

- WHAT WAS YOUR **REWARD** FOR COMPLETING YOUR PLANNER THIS WEEK?

  _____

Weekly Prioritization

	URGENT	NOT URGENT
IMPORTANT	{DO}	{DECIDE}
NOT IMPORTANT	{DELEGATE}	{DELETE}

Weekly Planning

- TOP 3 **BUSINESS** TASKS:

    1. _____
    2. _____
    3. _____

- TOP 3 **LIFE** TASKS:

    1. _____
    2. _____
    3. _____

- MY **AFFIRMATION** FOR THE WEEK:

    _____
    _____
    _____

- HOW WILL YOU **REWARD** YOURSELF FOR COMPLETING YOUR SYNERGY IN 7 LIST?

    _____

__ / __ / 20__

M T W T F S S

TODAY'S AFFIRMATION: _____

Morning Routine

- **BUSINESS TASKS**
  1. _____
  2. _____
  3. _____

- **LIFE TASKS**
  1. _____
  2. _____
  3. _____

DO

DELEGATE

DECIDE

Evening Check-In

- IN WHAT AREAS OF LIFE OR BUSINESS DID YOU **WIN**?

- WHICH **INCOMPLETE TASKS** CAN YOU DO TOMORROW?

- HOW DID YOU **TAKE CARE OF YOURSELF** TODAY? *#SelfCareCheckIn*

- WHAT ARE YOU **GRATEFUL** FOR THIS EVENING? *#GratitudeCheckIn*

"The more things you do, the more you can do." LUCILLE BALL

__ / __ / 20__

M T W T F S S

TODAY'S AFFIRMATION: _____

Morning Routine

- **BUSINESS TASKS**
    1. _____
    2. _____
    3. _____

- **LIFE TASKS**
    1. _____
    2. _____
    3. _____

DO

DELEGATE

DECIDE

Evening Check-In

- IN WHAT AREAS OF LIFE OR BUSINESS DID YOU **WIN**?

- WHICH **INCOMPLETE TASKS** CAN YOU DO TOMORROW?

- HOW DID YOU **TAKE CARE OF YOURSELF** TODAY? *#SelfCareCheckIn*

- WHAT ARE YOU **GRATEFUL** FOR THIS EVENING? *#GratitudeCheckIn*

"The first step toward success is taken when you refuse to be a captive of the environment in which you first find yourself." — MARK CAINE

__ / __ / 20__
M T W T F S S

TODAY'S AFFIRMATION: _____

"Your heaviest artillery will be your will to live. Keep that big gun going." NORMAN COUSINS

Morning Routine

- **BUSINESS TASKS**
    1. _____
    2. _____
    3. _____

- **LIFE TASKS**
    1. _____
    2. _____
    3. _____

DO

DELEGATE

DECIDE

Evening Check-In

- IN WHAT AREAS OF LIFE OR BUSINESS DID YOU **WIN**?

- WHICH **INCOMPLETE TASKS** CAN YOU DO TOMORROW?

- HOW DID YOU **TAKE CARE OF YOURSELF** TODAY? *#SelfCareCheckIn*

- WHAT ARE YOU **GRATEFUL** FOR THIS EVENING? *#GratitudeCheckIn*

__ / __ / 20__

M T W T F S S

TODAY'S AFFIRMATION: _____

Morning Routine

- **BUSINESS TASKS**
  1. _____
  2. _____
  3. _____

- **LIFE TASKS**
  1. _____
  2. _____
  3. _____

{
DO

DELEGATE

DECIDE
}

"Deserve your dream." OCTAVIO PAZ

Evening Check-In

- IN WHAT AREAS OF LIFE OR BUSINESS DID YOU **WIN**?

- WHICH **INCOMPLETE TASKS** CAN YOU DO TOMORROW?

- HOW DID YOU **TAKE CARE OF YOURSELF** TODAY? *#SelfCareCheckIn*

- WHAT ARE YOU **GRATEFUL** FOR THIS EVENING? *#GratitudeCheckIn*

___ / ___ / 20___

M T W T F S S

TODAY'S AFFIRMATION: _____

Morning Routine

- **BUSINESS TASKS**
    1. _____
    2. _____
    3. _____

- **LIFE TASKS**
    1. _____
    2. _____
    3. _____

DO

DELEGATE

DECIDE

Evening Check-In

- IN WHAT AREAS OF LIFE OR BUSINESS DID YOU **WIN**?

- WHICH **INCOMPLETE TASKS** CAN YOU DO TOMORROW?

- HOW DID YOU **TAKE CARE OF YOURSELF** TODAY? *#SelfCareCheckIn*

- WHAT ARE YOU **GRATEFUL** FOR THIS EVENING? *#GratitudeCheckIn*

"When one must, one can." CHARLOTTE WHITTON

__ / __ / 20__

M T W T F S S

TODAY'S AFFIRMATION: _____

Morning Routine

- **BUSINESS TASKS**
    1. _____
    2. _____
    3. _____

- **LIFE TASKS**
    1. _____
    2. _____
    3. _____

{ DO

DELEGATE

DECIDE }

Evening Check-In

- IN WHAT AREAS OF LIFE OR BUSINESS DID YOU **WIN**?

- WHICH **INCOMPLETE TASKS** CAN YOU DO TOMORROW?

- HOW DID YOU **TAKE CARE OF YOURSELF** TODAY? *#SelfCareCheckIn*

- WHAT ARE YOU **GRATEFUL** FOR THIS EVENING? *#GratitudeCheckIn*

"The weeds keep multiplying in our garden, which is our mind ruled by fear. Rip them out and call them by name." — SYLVIA BROWNE

__ / __ / 20__

M T W T F S S

TODAY'S AFFIRMATION: _____

"The best preparation for tomorrow is doing your best today." H. JACKSON BROWN, JR.

Morning Routine

- **BUSINESS TASKS**
    1. _____
    2. _____
    3. _____

- **LIFE TASKS**
    1. _____
    2. _____
    3. _____

DO

DELEGATE

DECIDE

Evening Check-In

- IN WHAT AREAS OF LIFE OR BUSINESS DID YOU **WIN**?

- WHICH **INCOMPLETE TASKS** CAN YOU DO TOMORROW?

- HOW DID YOU **TAKE CARE OF YOURSELF** TODAY? *#SelfCareCheckIn*

- WHAT ARE YOU **GRATEFUL** FOR THIS EVENING? *#GratitudeCheckIn*

Weekly Review

- HOW DID YOU **WIN** THIS WEEK?

  _____
  _____
  _____
  _____

- IN WHAT AREAS DID YOU **FALL SHORT**?

  _____
  _____
  _____
  _____

- HOW CAN YOU **IMPROVE** NEXT WEEK?

  _____
  _____
  _____
  _____

- WHAT WAS YOUR **REWARD** FOR COMPLETING YOUR PLANNER THIS WEEK?

  _____

Weekly Prioritization

	URGENT	NOT URGENT
IMPORTANT	{DO}	{DECIDE}
NOT IMPORTANT	{DELEGATE}	{DELETE}

Weekly Planning

- TOP 3 **BUSINESS** TASKS:

    1. _____
    2. _____
    3. _____

- TOP 3 **LIFE** TASKS:

    1. _____
    2. _____
    3. _____

- MY **AFFIRMATION** FOR THE WEEK:

    _____
    _____
    _____

- HOW WILL YOU **REWARD** YOURSELF FOR COMPLETING YOUR SYNERGY IN 7 LIST?

    _____

__ / __ / 20__
M T W T F S S

"Put your heart, mind, and soul into even your smallest acts. This is the secret of success." SWAMI SIVANANDA

TODAY'S AFFIRMATION: _____

Morning Routine

- **BUSINESS TASKS**
    1. _____
    2. _____
    3. _____

- **LIFE TASKS**
    1. _____
    2. _____
    3. _____

DO

DELEGATE

DECIDE

Evening Check-In

- IN WHAT AREAS OF LIFE OR BUSINESS DID YOU **WIN**?

- WHICH **INCOMPLETE TASKS** CAN YOU DO TOMORROW?

- HOW DID YOU **TAKE CARE OF YOURSELF** TODAY? *#SelfCareCheckIn*

- WHAT ARE YOU **GRATEFUL** FOR THIS EVENING? *#GratitudeCheckIn*

__ / __ / 20__
M T W T F S S

TODAY'S AFFIRMATION: _____

Morning Routine

- **BUSINESS TASKS**
    1. _____
    2. _____
    3. _____

- **LIFE TASKS**
    1. _____
    2. _____
    3. _____

DO

DELEGATE

DECIDE

"Change your thoughts and you change your world." — NORMAN VINCENT PEALE

Evening Check-In

- IN WHAT AREAS OF LIFE OR BUSINESS DID YOU **WIN**?

- WHICH **INCOMPLETE TASKS** CAN YOU DO TOMORROW?

- HOW DID YOU **TAKE CARE OF YOURSELF** TODAY? *#SelfCareCheckIn*

- WHAT ARE YOU **GRATEFUL** FOR THIS EVENING? *#GratitudeCheckIn*

__ / __ / 20__

M T W T F S S

TODAY'S AFFIRMATION: _____

Morning Routine

- **BUSINESS TASKS**
  1. _____
  2. _____
  3. _____

- **LIFE TASKS**
  1. _____
  2. _____
  3. _____

DO

DELEGATE

DECIDE

"If opportunity doesn't knock, build a door." MILTON BERLE

Evening Check-In

- IN WHAT AREAS OF LIFE OR BUSINESS DID YOU **WIN**?

- WHICH **INCOMPLETE TASKS** CAN YOU DO TOMORROW?

- HOW DID YOU **TAKE CARE OF YOURSELF** TODAY? *#SelfCareCheckIn*

- WHAT ARE YOU **GRATEFUL** FOR THIS EVENING? *#GratitudeCheckIn*

__ / __ / 20__

M T W T F S S

TODAY'S AFFIRMATION: _____

Morning Routine

- **BUSINESS TASKS**
    1. _____
    2. _____
    3. _____

- **LIFE TASKS**
    1. _____
    2. _____
    3. _____

DO

DELEGATE

DECIDE

"Keep your face always toward the sunshine – and shadows will fall behind you." WALT WHITMAN

Evening Check-In

- IN WHAT AREAS OF LIFE OR BUSINESS DID YOU **WIN**?

- WHICH **INCOMPLETE TASKS** CAN YOU DO TOMORROW?

- HOW DID YOU **TAKE CARE OF YOURSELF** TODAY? *#SelfCareCheckIn*

- WHAT ARE YOU **GRATEFUL** FOR THIS EVENING? *#GratitudeCheckIn*

__ / __ / 20__
M T W T F S S

TODAY'S AFFIRMATION: _____

"There are two ways of spreading light: to be the candle or the mirror that reflects it." EDITH WHARTON

Morning Routine

- **BUSINESS TASKS**
    1. _____
    2. _____
    3. _____

- **LIFE TASKS**
    1. _____
    2. _____
    3. _____

DO

DELEGATE

DECIDE

Evening Check-In

- IN WHAT AREAS OF LIFE OR BUSINESS DID YOU **WIN**?

- WHICH **INCOMPLETE TASKS** CAN YOU DO TOMORROW?

- HOW DID YOU **TAKE CARE OF YOURSELF** TODAY? *#SelfCareCheckIn*

- WHAT ARE YOU **GRATEFUL** FOR THIS EVENING? *#GratitudeCheckIn*

__ / __ / 20__

M T W T F S S

TODAY'S AFFIRMATION: _____

Morning Routine

- **BUSINESS TASKS**
    1. _____
    2. _____
    3. _____

- **LIFE TASKS**
    1. _____
    2. _____
    3. _____

{ DO

DELEGATE

DECIDE }

Evening Check-In

- IN WHAT AREAS OF LIFE OR BUSINESS DID YOU **WIN**?

- WHICH **INCOMPLETE TASKS** CAN YOU DO TOMORROW?

- HOW DID YOU **TAKE CARE OF YOURSELF** TODAY? *#SelfCareCheckIn*

- WHAT ARE YOU **GRATEFUL** FOR THIS EVENING? *#GratitudeCheckIn*

"Your present circumstances don't determine where you can go; they merely determine where you start." — NIDO QUBEIN

__ / __ / 20__
M T W T F S S

TODAY'S AFFIRMATION: _____

Morning Routine

- **BUSINESS TASKS**
    1. _____
    2. _____
    3. _____

- **LIFE TASKS**
    1. _____
    2. _____
    3. _____

DO

DELEGATE

DECIDE

Evening Check-In

- IN WHAT AREAS OF LIFE OR BUSINESS DID YOU **WIN**?

- WHICH **INCOMPLETE TASKS** CAN YOU DO TOMORROW?

- HOW DID YOU **TAKE CARE OF YOURSELF** TODAY? *#SelfCareCheckIn*

- WHAT ARE YOU **GRATEFUL** FOR THIS EVENING? *#GratitudeCheckIn*

"Let us make our future now, and let us make our dreams tomorrow's reality." MALALA YOUSAFZAI

Weekly Review

- HOW DID YOU **WIN** THIS WEEK?

  _____
  _____
  _____

- IN WHAT AREAS DID YOU **FALL SHORT**?

  _____
  _____
  _____

- HOW CAN YOU **IMPROVE** NEXT WEEK?

  _____
  _____
  _____

- WHAT WAS YOUR **REWARD** FOR COMPLETING YOUR PLANNER THIS WEEK?

  _____

Monthly Check-In

- WHAT WERE YOUR **WINS** THIS MONTH?
  _____
  _____
  _____

- IN WHAT AREAS DID YOU **FALL SHORT**?
  _____
  _____
  _____

- HOW CAN YOU **IMPROVE** NEXT MONTH?
  _____
  _____
  _____

- NOTES:
  _____
  _____
  _____

Weekly Prioritization

	URGENT	NOT URGENT
IMPORTANT	{DO}	{DECIDE}
NOT IMPORTANT	{DELEGATE}	{DELETE}

Weekly Planning

- TOP 3 **BUSINESS** TASKS:

    1. _____
    2. _____
    3. _____

- TOP 3 **LIFE** TASKS:

    1. _____
    2. _____
    3. _____

- MY **AFFIRMATION** FOR THE WEEK:

    _____
    _____
    _____

- HOW WILL YOU **REWARD** YOURSELF FOR COMPLETING YOUR SYNERGY IN 7 LIST?

    _____

__ / __ / 20__

M T W T F S S

TODAY'S AFFIRMATION: _____

Morning Routine

- **BUSINESS TASKS**
    1. _____
    2. _____
    3. _____

- **LIFE TASKS**
    1. _____
    2. _____
    3. _____

{ DO

DELEGATE

DECIDE }

"Out of difficulties grow miracles." JEAN DE LA BRUYERE

Evening Check-In

- IN WHAT AREAS OF LIFE OR BUSINESS DID YOU **WIN**?

- WHICH **INCOMPLETE TASKS** CAN YOU DO TOMORROW?

- HOW DID YOU **TAKE CARE OF YOURSELF** TODAY? *#SelfCareCheckIn*

- WHAT ARE YOU **GRATEFUL** FOR THIS EVENING? *#GratitudeCheckIn*

__ / __ / 20__

M T W T F S S

TODAY'S AFFIRMATION: _____

Morning Routine

- **BUSINESS TASKS**
    1. _____
    2. _____
    3. _____

- **LIFE TASKS**
    1. _____
    2. _____
    3. _____

DO

DELEGATE

DECIDE

"In a gentle way, you can shake the world." — MAHATMA GANDHI

Evening Check-In

- IN WHAT AREAS OF LIFE OR BUSINESS DID YOU **WIN**?

- WHICH **INCOMPLETE TASKS** CAN YOU DO TOMORROW?

- HOW DID YOU **TAKE CARE OF YOURSELF** TODAY? *#SelfCareCheckIn*

- WHAT ARE YOU **GRATEFUL** FOR THIS EVENING? *#GratitudeCheckIn*

__ / __ / 20__
M T W T F S S

"When the sun is shining I can do anything; no mountain is too high, no trouble too difficult to overcome." — WILMA RUDOLPH

TODAY'S AFFIRMATION: _____

Morning Routine

- **BUSINESS TASKS**
  1. _____
  2. _____
  3. _____

- **LIFE TASKS**
  1. _____
  2. _____
  3. _____

DO

DELEGATE

DECIDE

Evening Check-In

- IN WHAT AREAS OF LIFE OR BUSINESS DID YOU **WIN**?

- WHICH **INCOMPLETE TASKS** CAN YOU DO TOMORROW?

- HOW DID YOU **TAKE CARE OF YOURSELF** TODAY? *#SelfCareCheckIn*

- WHAT ARE YOU **GRATEFUL** FOR THIS EVENING? *#GratitudeCheckIn*

__ / __ / 20__

M T W T F S S

TODAY'S AFFIRMATION: _____

Morning Routine

- **BUSINESS TASKS**
    1. _____
    2. _____
    3. _____

- **LIFE TASKS**
    1. _____
    2. _____
    3. _____

DO

DELEGATE

DECIDE

Evening Check-In

- IN WHAT AREAS OF LIFE OR BUSINESS DID YOU **WIN**?

- WHICH **INCOMPLETE TASKS** CAN YOU DO TOMORROW?

- HOW DID YOU **TAKE CARE OF YOURSELF** TODAY? *#SelfCareCheckIn*

- WHAT ARE YOU **GRATEFUL** FOR THIS EVENING? *#GratitudeCheckIn*

"How wonderful it is that nobody need wait a single moment before starting to improve the world." — ANNE FRANK

__ / __ / 20 __
M T W T F S S

TODAY'S AFFIRMATION: _____
_____

Morning Routine

- **BUSINESS TASKS**
    1. _____
    2. _____
    3. _____

- **LIFE TASKS**
    1. _____
    2. _____
    3. _____

DO

DELEGATE

DECIDE

"I dwell in possibility." EMILY DICKINSON

Evening Check-In

- IN WHAT AREAS OF LIFE OR BUSINESS DID YOU **WIN**?

- WHICH **INCOMPLETE TASKS** CAN YOU DO TOMORROW?

- HOW DID YOU **TAKE CARE OF YOURSELF** TODAY? *#SelfCareCheckIn*

- WHAT ARE YOU **GRATEFUL** FOR THIS EVENING? *#GratitudeCheckIn*

__ / __ / 20__

M T W T F S S

TODAY'S AFFIRMATION: _____

Morning Routine

- **BUSINESS TASKS**
    1. _____
    2. _____
    3. _____

- **LIFE TASKS**
    1. _____
    2. _____
    3. _____

DO

DELEGATE

DECIDE

"I've been absolutely terrified every moment of my life - and I've never let it keep me from doing a single thing I wanted to do."
— GEORGIA O'KEEFFE

Evening Check-In

- IN WHAT AREAS OF LIFE OR BUSINESS DID YOU **WIN**?

- WHICH **INCOMPLETE TASKS** CAN YOU DO TOMORROW?

- HOW DID YOU **TAKE CARE OF YOURSELF** TODAY? *#SelfCareCheckIn*

- WHAT ARE YOU **GRATEFUL** FOR THIS EVENING? *#GratitudeCheckIn*

__ / __ / 20__

M T W T F S S

TODAY'S AFFIRMATION: _____

Morning Routine

- **BUSINESS TASKS**
    1. _____
    2. _____
    3. _____

- **LIFE TASKS**
    1. _____
    2. _____
    3. _____

DO

DELEGATE

DECIDE

"I believe there's an inner power that makes winners or losers. And the winners are the ones who really listen to the truth of their hearts." — SYLVESTER STALLONE

Evening Check-In

- IN WHAT AREAS OF LIFE OR BUSINESS DID YOU **WIN**?

- WHICH **INCOMPLETE TASKS** CAN YOU DO TOMORROW?

- HOW DID YOU **TAKE CARE OF YOURSELF** TODAY? *#SelfCareCheckIn*

- WHAT ARE YOU **GRATEFUL** FOR THIS EVENING? *#GratitudeCheckIn*

Weekly Review

- HOW DID YOU **WIN** THIS WEEK?

  _____
  _____
  _____

- IN WHAT AREAS DID YOU **FALL SHORT**?

  _____
  _____
  _____

- HOW CAN YOU **IMPROVE** NEXT WEEK?

  _____
  _____
  _____

- WHAT WAS YOUR **REWARD** FOR COMPLETING YOUR PLANNER THIS WEEK?

  _____

Weekly Prioritization

	URGENT	NOT URGENT
IMPORTANT	{DO}	{DECIDE}
NOT IMPORTANT	{DELEGATE}	{DELETE}

Weekly Planning

- TOP 3 **BUSINESS** TASKS:

    1. _____
    2. _____
    3. _____

- TOP 3 **LIFE** TASKS:

    1. _____
    2. _____
    3. _____

- MY **AFFIRMATION** FOR THE WEEK:

    _____
    _____
    _____

- HOW WILL YOU **REWARD** YOURSELF FOR COMPLETING YOUR SYNERGY IN 7 LIST?

    _____

__ / __ / 20__

M T W T F S S

TODAY'S AFFIRMATION: _____

Morning Routine

- **BUSINESS TASKS**
    1. _____
    2. _____
    3. _____

- **LIFE TASKS**
    1. _____
    2. _____
    3. _____

{ DO

DELEGATE

DECIDE }

"A positive attitude can really make dreams come true – it did for me." DAVID BAILEY

Evening Check-In

- IN WHAT AREAS OF LIFE OR BUSINESS DID YOU **WIN**?

- WHICH **INCOMPLETE TASKS** CAN YOU DO TOMORROW?

- HOW DID YOU **TAKE CARE OF YOURSELF** TODAY? *#SelfCareCheckIn*

- WHAT ARE YOU **GRATEFUL** FOR THIS EVENING? *#GratitudeCheckIn*

__ / __ / 20__

M T W T F S S

TODAY'S AFFIRMATION: _____

Morning Routine

- **BUSINESS TASKS**
    1. _____
    2. _____
    3. _____

- **LIFE TASKS**
    1. _____
    2. _____
    3. _____

{ DO

DELEGATE

DECIDE }

"Happiness does not come from doing easy work but from the afterglow of satisfaction that comes after the achievement of a difficult task that demanded our best." THEODORE ISAAC RUBIN

Evening Check-In

- IN WHAT AREAS OF LIFE OR BUSINESS DID YOU **WIN**?

- WHICH **INCOMPLETE TASKS** CAN YOU DO TOMORROW?

- HOW DID YOU **TAKE CARE OF YOURSELF** TODAY? *#SelfCareCheckIn*

- WHAT ARE YOU **GRATEFUL** FOR THIS EVENING? *#GratitudeCheckIn*

__ / __ / 20__
M T W T F S S

TODAY'S AFFIRMATION: _____
_____

Morning Routine

- **BUSINESS TASKS**
    1. _____
    2. _____
    3. _____

- **LIFE TASKS**
    1. _____
    2. _____
    3. _____

{ DO

DELEGATE

DECIDE }

"Effort only fully releases its reward after a person refuses to quit." NAPOLEON HILL

Evening Check-In

- IN WHAT AREAS OF LIFE OR BUSINESS DID YOU **WIN**?

- WHICH **INCOMPLETE TASKS** CAN YOU DO TOMORROW?

- HOW DID YOU **TAKE CARE OF YOURSELF** TODAY? *#SelfCareCheckIn*

- WHAT ARE YOU **GRATEFUL** FOR THIS EVENING? *#GratitudeCheckIn*

__ / __ / 20 __
M T W T F S S

TODAY'S AFFIRMATION: _____

Morning Routine

- **BUSINESS TASKS**
    1. _____
    2. _____
    3. _____

- **LIFE TASKS**
    1. _____
    2. _____
    3. _____

DO

DELEGATE

DECIDE

"Our work is the presentation of our capabilities." — EDWARD GIBBON

Evening Check-In

- IN WHAT AREAS OF LIFE OR BUSINESS DID YOU **WIN**?

- WHICH **INCOMPLETE TASKS** CAN YOU DO TOMORROW?

- HOW DID YOU **TAKE CARE OF YOURSELF** TODAY? *#SelfCareCheckIn*

- WHAT ARE YOU **GRATEFUL** FOR THIS EVENING? *#GratitudeCheckIn*

__ / __ / 20__
M T W T F S S

TODAY'S AFFIRMATION: _____
_____

"Reject your sense of injury and the injury itself disappears." MARCUS AURELIUS

Morning Routine

- **BUSINESS TASKS**
    1. _____
    2. _____
    3. _____

- **LIFE TASKS**
    1. _____
    2. _____
    3. _____

DO

DELEGATE

DECIDE

Evening Check-In

- IN WHAT AREAS OF LIFE OR BUSINESS DID YOU **WIN**?

- WHICH **INCOMPLETE TASKS** CAN YOU DO TOMORROW?

- HOW DID YOU **TAKE CARE OF YOURSELF** TODAY? *#SelfCareCheckIn*

- WHAT ARE YOU **GRATEFUL** FOR THIS EVENING? *#GratitudeCheckIn*

__ / __ / 20__
M T W T F S S

TODAY'S AFFIRMATION: _____

Morning Routine

- **BUSINESS TASKS**
    1. _____
    2. _____
    3. _____

- **LIFE TASKS**
    1. _____
    2. _____
    3. _____

DO

DELEGATE

DECIDE

"A strong, positive self-image is the best possible preparation for success." — JOYCE BROTHERS

Evening Check-In

- IN WHAT AREAS OF LIFE OR BUSINESS DID YOU **WIN**?

- WHICH **INCOMPLETE TASKS** CAN YOU DO TOMORROW?

- HOW DID YOU **TAKE CARE OF YOURSELF** TODAY? *#SelfCareCheckIn*

- WHAT ARE YOU **GRATEFUL** FOR THIS EVENING? *#GratitudeCheckIn*

__ / __ / 20__

M T W T F S S

"In every day, there are 1,440 minutes. That means we have 1,440 daily opportunities to make a positive impact." — LES BROWN

TODAY'S AFFIRMATION: _____

Morning Routine

- **BUSINESS TASKS**
    1. _____
    2. _____
    3. _____

- **LIFE TASKS**
    1. _____
    2. _____
    3. _____

DO

DELEGATE

DECIDE

Evening Check-In

- IN WHAT AREAS OF LIFE OR BUSINESS DID YOU **WIN**?

- WHICH **INCOMPLETE TASKS** CAN YOU DO TOMORROW?

- HOW DID YOU **TAKE CARE OF YOURSELF** TODAY? *#SelfCareCheckIn*

- WHAT ARE YOU **GRATEFUL** FOR THIS EVENING? *#GratitudeCheckIn*

Weekly Review

- HOW DID YOU **WIN** THIS WEEK?

  _____
  _____
  _____

- IN WHAT AREAS DID YOU **FALL SHORT**?

  _____
  _____
  _____

- HOW CAN YOU **IMPROVE** NEXT WEEK?

  _____
  _____
  _____

- WHAT WAS YOUR **REWARD** FOR COMPLETING YOUR PLANNER THIS WEEK?

  _____

Weekly Prioritization

	URGENT	NOT URGENT
IMPORTANT	{DO}	{DECIDE}
NOT IMPORTANT	{DELEGATE}	{DELETE}

Weekly Planning

- TOP 3 **BUSINESS** TASKS:

    1. _____
    2. _____
    3. _____

- TOP 3 **LIFE** TASKS:

    1. _____
    2. _____
    3. _____

- MY **AFFIRMATION** FOR THE WEEK:

    _____
    _____
    _____

- HOW WILL YOU **REWARD** YOURSELF FOR COMPLETING YOUR SYNERGY IN 7 LIST?

    _____

__ / __ / 20 __
M T W T F S S

TODAY'S AFFIRMATION: _____
_____

"Frustration, although quite painful at times, is a very positive and essential part of success." BO BENNETT

Morning Routine

- **BUSINESS TASKS**
    1. _____
    2. _____
    3. _____

- **LIFE TASKS**
    1. _____
    2. _____
    3. _____

DO

DELEGATE

DECIDE

Evening Check-In

- IN WHAT AREAS OF LIFE OR BUSINESS DID YOU **WIN**?

- WHICH **INCOMPLETE TASKS** CAN YOU DO TOMORROW?

- HOW DID YOU **TAKE CARE OF YOURSELF** TODAY? *#SelfCareCheckIn*

- WHAT ARE YOU **GRATEFUL** FOR THIS EVENING? *#GratitudeCheckIn*

__ / __ / 20__

M T W T F S S

TODAY'S AFFIRMATION: _____

Morning Routine

- **BUSINESS TASKS**
    1. _____
    2. _____
    3. _____

- **LIFE TASKS**
    1. _____
    2. _____
    3. _____

DO

DELEGATE

DECIDE

"Resilience isn't a single skill. It's a variety of skills and coping mechanisms. To bounce back from bumps in the road as well as failures, you should focus on emphasizing the positive." — JEAN CHATZKY

Evening Check-In

- IN WHAT AREAS OF LIFE OR BUSINESS DID YOU **WIN**?

- WHICH **INCOMPLETE TASKS** CAN YOU DO TOMORROW?

- HOW DID YOU **TAKE CARE OF YOURSELF** TODAY? #SelfCareCheckIn

- WHAT ARE YOU **GRATEFUL** FOR THIS EVENING? #GratitudeCheckIn

__ / __ / 20__

M T W T F S S

TODAY'S AFFIRMATION: _____

Morning Routine

- **BUSINESS TASKS**
  1. _____
  2. _____
  3. _____

- **LIFE TASKS**
  1. _____
  2. _____
  3. _____

{ DO

DELEGATE

DECIDE }

Evening Check-In

- IN WHAT AREAS OF LIFE OR BUSINESS DID YOU **WIN**?

- WHICH **INCOMPLETE TASKS** CAN YOU DO TOMORROW?

- HOW DID YOU **TAKE CARE OF YOURSELF** TODAY? *#SelfCareCheckIn*

- WHAT ARE YOU **GRATEFUL** FOR THIS EVENING? *#GratitudeCheckIn*

"Every great dream begins with a dreamer. Always remember, you have within you the strength, the patience, and the passion to reach for the stars to change the world." — HARRIET TUBMAN

__ / __ / 20__
M T W T F S S

TODAY'S AFFIRMATION: _____

Morning Routine

- **BUSINESS TASKS**
    1. _____
    2. _____
    3. _____

- **LIFE TASKS**
    1. _____
    2. _____
    3. _____

DO

DELEGATE

DECIDE

"No one saves us but ourselves. No one can and no one may. We ourselves must walk the path." BUDDHA

Evening Check-In

- IN WHAT AREAS OF LIFE OR BUSINESS DID YOU **WIN**?

- WHICH **INCOMPLETE TASKS** CAN YOU DO TOMORROW?

- HOW DID YOU **TAKE CARE OF YOURSELF** TODAY? *#SelfCareCheckIn*

- WHAT ARE YOU **GRATEFUL** FOR THIS EVENING? *#GratitudeCheckIn*

__ / __ / 20__

M T W T F S S

"I love those who can smile in trouble, who can gather strength from distress, and grow brave by reflection." LEONARDO DA VINCI

TODAY'S AFFIRMATION: _____

Morning Routine

- **BUSINESS TASKS**
  1. _____
  2. _____
  3. _____

- **LIFE TASKS**
  1. _____
  2. _____
  3. _____

DO

DELEGATE

DECIDE

Evening Check-In

- IN WHAT AREAS OF LIFE OR BUSINESS DID YOU **WIN**?

- WHICH **INCOMPLETE TASKS** CAN YOU DO TOMORROW?

- HOW DID YOU **TAKE CARE OF YOURSELF** TODAY? *#SelfCareCheckIn*

- WHAT ARE YOU **GRATEFUL** FOR THIS EVENING? *#GratitudeCheckIn*

__ / __ / 20 __
M T W T F S S

TODAY'S AFFIRMATION: _____

Morning Routine

- **BUSINESS TASKS**
    1. _____
    2. _____
    3. _____

- **LIFE TASKS**
    1. _____
    2. _____
    3. _____

DO

DELEGATE

DECIDE

"All the adversity I've had in my life, all my troubles and obstacles, have strengthened me... You may not realize it when it happens, but a kick in the teeth may be the best thing in the world for you" WALT DISNEY

Evening Check-In

- IN WHAT AREAS OF LIFE OR BUSINESS DID YOU **WIN**?

- WHICH **INCOMPLETE TASKS** CAN YOU DO TOMORROW?

- HOW DID YOU **TAKE CARE OF YOURSELF** TODAY? *#SelfCareCheckIn*

- WHAT ARE YOU **GRATEFUL** FOR THIS EVENING? *#GratitudeCheckIn*

__ / __ / 20__

M T W T F S S

TODAY'S _____
AFFIRMATION: _____

"Survival was my only hope, success my only revenge." PATRICIA CORNWELL

Morning Routine

- **BUSINESS TASKS**
    1. _____
    2. _____
    3. _____

- **LIFE TASKS**
    1. _____
    2. _____
    3. _____

DO

DELEGATE

DECIDE

Evening Check-In

- IN WHAT AREAS OF LIFE OR BUSINESS DID YOU **WIN**?

- WHICH **INCOMPLETE TASKS** CAN YOU DO TOMORROW?

- HOW DID YOU **TAKE CARE OF YOURSELF** TODAY? *#SelfCareCheckIn*

- WHAT ARE YOU **GRATEFUL** FOR THIS EVENING? *#GratitudeCheckIn*

Weekly Review

- HOW DID YOU **WIN** THIS WEEK?

  _____
  _____
  _____

- IN WHAT AREAS DID YOU **FALL SHORT**?

  _____
  _____
  _____

- HOW CAN YOU **IMPROVE** NEXT WEEK?

  _____
  _____
  _____

- WHAT WAS YOUR **REWARD** FOR COMPLETING YOUR PLANNER THIS WEEK?

  _____

Weekly Prioritization

	URGENT	NOT URGENT
IMPORTANT	{DO}	{DECIDE}
NOT IMPORTANT	{DELEGATE}	{DELETE}

Weekly Planning

- TOP 3 **BUSINESS** TASKS:

    1. _____
    2. _____
    3. _____

- TOP 3 **LIFE** TASKS:

    1. _____
    2. _____
    3. _____

- MY **AFFIRMATION** FOR THE WEEK:

    _____
    _____
    _____

- HOW WILL YOU **REWARD** YOURSELF FOR COMPLETING YOUR SYNERGY IN 7 LIST?

    _____

__ / __ / 20__

M T W T F S S

TODAY'S AFFIRMATION: _____

Morning Routine

- **BUSINESS TASKS**
    1. _____
    2. _____
    3. _____

- **LIFE TASKS**
    1. _____
    2. _____
    3. _____

{ DO

DELEGATE

DECIDE }

Evening Check-In

- IN WHAT AREAS OF LIFE OR BUSINESS DID YOU **WIN**?

- WHICH **INCOMPLETE TASKS** CAN YOU DO TOMORROW?

- HOW DID YOU **TAKE CARE OF YOURSELF** TODAY? *#SelfCareCheckIn*

- WHAT ARE YOU **GRATEFUL** FOR THIS EVENING? *#GratitudeCheckIn*

"Think little goals and expect little achievements. Think big goals and win big success." DAVID JOSEPH SCHWARTZ

__ / __ / 20__
M T W T F S S

TODAY'S AFFIRMATION: _____

Morning Routine

- **BUSINESS TASKS**
  1. _____
  2. _____
  3. _____

- **LIFE TASKS**
  1. _____
  2. _____
  3. _____

{ DO

DELEGATE

DECIDE }

Evening Check-In

- IN WHAT AREAS OF LIFE OR BUSINESS DID YOU **WIN**?

- WHICH **INCOMPLETE TASKS** CAN YOU DO TOMORROW?

- HOW DID YOU **TAKE CARE OF YOURSELF** TODAY? *#SelfCareCheckIn*

- WHAT ARE YOU **GRATEFUL** FOR THIS EVENING? *#GratitudeCheckIn*

"It is by going down into the abyss that we recover the treasures of life. Where you stumble, there lies your treasure." — JOSEPH CAMPBELL

__ / __ / 20__

M T W T F S S

TODAY'S AFFIRMATION: _____

Morning Routine

- **BUSINESS TASKS**
    1. _____
    2. _____
    3. _____

- **LIFE TASKS**
    1. _____
    2. _____
    3. _____

DO

DELEGATE

DECIDE

Evening Check-In

- IN WHAT AREAS OF LIFE OR BUSINESS DID YOU **WIN**?

- WHICH **INCOMPLETE TASKS** CAN YOU DO TOMORROW?

- HOW DID YOU **TAKE CARE OF YOURSELF** TODAY? *#SelfCareCheckIn*

- WHAT ARE YOU **GRATEFUL** FOR THIS EVENING? *#GratitudeCheckIn*

"Expect trouble as an inevitable part of life and repeat to yourself, the most comforting words of all; this, too, shall pass." ANN LANDERS

__ / __ / 20__

M T W T F S S

TODAY'S AFFIRMATION: _____

Morning Routine

- **BUSINESS TASKS**
   1. _____
   2. _____
   3. _____

- **LIFE TASKS**
   1. _____
   2. _____
   3. _____

{ DO

DELEGATE

DECIDE }

"Adopting a really positive attitude can work wonders to adding years to your life, a spring to your step, a sparkle to your eye, and all of that."
— CHRISTIE BRINKLEY

Evening Check-In

- IN WHAT AREAS OF LIFE OR BUSINESS DID YOU **WIN**?

- WHICH **INCOMPLETE TASKS** CAN YOU DO TOMORROW?

- HOW DID YOU **TAKE CARE OF YOURSELF** TODAY? *#SelfCareCheckIn*

- WHAT ARE YOU **GRATEFUL** FOR THIS EVENING? *#GratitudeCheckIn*

__ / __ / 20__
M T W T F S S

TODAY'S AFFIRMATION: _____
_____

"Whatever your situation might be, set your mind to whatever you want to do and put a good attitude in it, and I believe that you can succeed. You are not going to get anywhere just sitting on your butt and moping around." — BETHANY HAMILTON

Morning Routine

BUSINESS TASKS

1. _____
2. _____
3. _____

LIFE TASKS

1. _____
2. _____
3. _____

DO

DELEGATE

DECIDE

Evening Check-In

- IN WHAT AREAS OF LIFE OR BUSINESS DID YOU **WIN**?

- WHICH **INCOMPLETE TASKS** CAN YOU DO TOMORROW?

- HOW DID YOU **TAKE CARE OF YOURSELF** TODAY? *#SelfCareCheckIn*

- WHAT ARE YOU **GRATEFUL** FOR THIS EVENING? *#GratitudeCheckIn*

__ / __ / 20__
M T W T F S S

TODAY'S AFFIRMATION: _____

Morning Routine

- **BUSINESS TASKS**
  1. _____
  2. _____
  3. _____

- **LIFE TASKS**
  1. _____
  2. _____
  3. _____

DO

DELEGATE

DECIDE

"Our attitude toward life determines life's attitude towards us." — JOHN N. MITCHELL

Evening Check-In

- IN WHAT AREAS OF LIFE OR BUSINESS DID YOU **WIN**?

- WHICH **INCOMPLETE TASKS** CAN YOU DO TOMORROW?

- HOW DID YOU **TAKE CARE OF YOURSELF** TODAY? *#SelfCareCheckIn*

- WHAT ARE YOU **GRATEFUL** FOR THIS EVENING? *#GratitudeCheckIn*

__ / __ / 20__

M T W T F S S

TODAY'S AFFIRMATION: _____

Morning Routine

- **BUSINESS TASKS**
  1. _____
  2. _____
  3. _____

- **LIFE TASKS**
  1. _____
  2. _____
  3. _____

DO

DELEGATE

DECIDE

"Try to look at your weakness and convert it into your strength. That's success." ZIG ZIGLAR

Evening Check-In

- IN WHAT AREAS OF LIFE OR BUSINESS DID YOU **WIN**?

- WHICH **INCOMPLETE TASKS** CAN YOU DO TOMORROW?

- HOW DID YOU **TAKE CARE OF YOURSELF** TODAY? *#SelfCareCheckIn*

- WHAT ARE YOU **GRATEFUL** FOR THIS EVENING? *#GratitudeCheckIn*

Weekly Review

- HOW DID YOU **WIN** THIS WEEK?

  _____
  _____
  _____

- IN WHAT AREAS DID YOU **FALL SHORT**?

  _____
  _____
  _____

- HOW CAN YOU **IMPROVE** NEXT WEEK?

  _____
  _____
  _____

- WHAT WAS YOUR **REWARD** FOR COMPLETING YOUR PLANNER THIS WEEK?

  _____

Monthly Check-In

- WHAT WERE YOUR **WINS** THIS MONTH?
  _____
  _____
  _____

- IN WHAT AREAS DID YOU **FALL SHORT**?
  _____
  _____
  _____

- HOW CAN YOU **IMPROVE** NEXT MONTH?
  _____
  _____
  _____

- NOTES:
  _____
  _____
  _____

__ / __ / 20__

M T W T F S S

TODAY'S AFFIRMATION: _____

Morning Routine

- **BUSINESS TASKS**
  1. _____
  2. _____
  3. _____

- **LIFE TASKS**
  1. _____
  2. _____
  3. _____

DO

DELEGATE

DECIDE

"March on. Do not tarry" KHALIL GIBRAN

Evening Check-In

- IN WHAT AREAS OF LIFE OR BUSINESS DID YOU **WIN**?

- WHICH **INCOMPLETE TASKS** CAN YOU DO TOMORROW?

- HOW DID YOU **TAKE CARE OF YOURSELF** TODAY? *#SelfCareCheckIn*

- WHAT ARE YOU **GRATEFUL** FOR THIS EVENING? *#GratitudeCheckIn*

Weekly Review

- HOW DID YOU **WIN** THIS WEEK?

  _____
  _____
  _____

- IN WHAT AREAS DID YOU **FALL SHORT**?

  _____
  _____
  _____

- HOW CAN YOU **IMPROVE** NEXT WEEK?

  _____
  _____
  _____

- WHAT WAS YOUR **REWARD** FOR COMPLETING YOUR PLANNER THIS WEEK?

  _____

Monthly Check-In

- WHAT WERE YOUR **WINS** THIS MONTH?
  _____
  _____
  _____

- IN WHAT AREAS DID YOU **FALL SHORT**?
  _____
  _____
  _____

- HOW CAN YOU **IMPROVE** NEXT MONTH?
  _____
  _____
  _____

- NOTES:
  _____
  _____
  _____

Weekly Prioritization

	URGENT	NOT URGENT
IMPORTANT	{DO}	{DECIDE}
NOT IMPORTANT	{DELEGATE}	{DELETE}

Weekly Planning

- TOP 3 **BUSINESS** TASKS:

    1. _____
    2. _____
    3. _____

- TOP 3 **LIFE** TASKS:

    1. _____
    2. _____
    3. _____

- MY **AFFIRMATION** FOR THE WEEK:

    _____
    _____
    _____

- HOW WILL YOU **REWARD** YOURSELF FOR COMPLETING YOUR SYNERGY IN 7 LIST?

    _____

__ / __ / 20__
M T W T F S S

TODAY'S AFFIRMATION: _____

Morning Routine

- **BUSINESS TASKS**
    1. _____
    2. _____
    3. _____

- **LIFE TASKS**
    1. _____
    2. _____
    3. _____

DO

DELEGATE

DECIDE

Evening Check-In

- IN WHAT AREAS OF LIFE OR BUSINESS DID YOU **WIN**?

- WHICH **INCOMPLETE TASKS** CAN YOU DO TOMORROW?

- HOW DID YOU **TAKE CARE OF YOURSELF** TODAY? *#SelfCareCheckIn*

- WHAT ARE YOU **GRATEFUL** FOR THIS EVENING? *#GratitudeCheckIn*

"No matter what kind of challenges or difficulties or painful situations you go through in your life, we all have something deep within us that we can reach down and find the inner strength to get through them." ALANA STEWART

__ / __ / 20__

M T W T F S S

TODAY'S AFFIRMATION: _____

Morning Routine

- **BUSINESS TASKS**
  1. _____
  2. _____
  3. _____

- **LIFE TASKS**
  1. _____
  2. _____
  3. _____

DO

DELEGATE

DECIDE

Evening Check-In

- IN WHAT AREAS OF LIFE OR BUSINESS DID YOU **WIN**?

- WHICH **INCOMPLETE TASKS** CAN YOU DO TOMORROW?

- HOW DID YOU **TAKE CARE OF YOURSELF** TODAY? *#SelfCareCheckIn*

- WHAT ARE YOU **GRATEFUL** FOR THIS EVENING? *#GratitudeCheckIn*

"One who gains strength by overcoming obstacles possesses the only strength which can overcome adversity." — ALBERT SCHWEITZER

__ / __ / 20__

M T W T F S S

TODAY'S AFFIRMATION: _____

Morning Routine

- **BUSINESS TASKS**
  1. _____
  2. _____
  3. _____

- **LIFE TASKS**
  1. _____
  2. _____
  3. _____

{ DO

DELEGATE

DECIDE }

" I believe you are your work. Don't trade the stuff of your life, time, for nothing more than dollars. That's a rotten bargain." — RITA MAE BROWN

Evening Check-In

- IN WHAT AREAS OF LIFE OR BUSINESS DID YOU **WIN**?

- WHICH **INCOMPLETE TASKS** CAN YOU DO TOMORROW?

- HOW DID YOU **TAKE CARE OF YOURSELF** TODAY? *#SelfCareCheckIn*

- WHAT ARE YOU **GRATEFUL** FOR THIS EVENING? *#GratitudeCheckIn*

__ / __ / 20__
M T W T F S S

TODAY'S AFFIRMATION: _____

Morning Routine

- **BUSINESS TASKS**
    1. _____
    2. _____
    3. _____

- **LIFE TASKS**
    1. _____
    2. _____
    3. _____

{ DO

DELEGATE

DECIDE }

"Never say anything about yourself you do not want to come true" — BRIAN TRACY

Evening Check-In

- IN WHAT AREAS OF LIFE OR BUSINESS DID YOU **WIN**?

- WHICH **INCOMPLETE TASKS** CAN YOU DO TOMORROW?

- HOW DID YOU **TAKE CARE OF YOURSELF** TODAY? *#SelfCareCheckIn*

- WHAT ARE YOU **GRATEFUL** FOR THIS EVENING? *#GratitudeCheckIn*

__ / __ / 20__

M T W T F S S

TODAY'S AFFIRMATION: _____

"Your work is to discover your work and then with all your heart to give yourself to it." BUDDHA

Morning Routine

- **BUSINESS TASKS**
    1. _____
    2. _____
    3. _____

- **LIFE TASKS**
    1. _____
    2. _____
    3. _____

{ DO

DELEGATE

DECIDE }

Evening Check-In

- IN WHAT AREAS OF LIFE OR BUSINESS DID YOU **WIN**?

- WHICH **INCOMPLETE TASKS** CAN YOU DO TOMORROW?

- HOW DID YOU **TAKE CARE OF YOURSELF** TODAY? *#SelfCareCheckIn*

- WHAT ARE YOU **GRATEFUL** FOR THIS EVENING? *#GratitudeCheckIn*

__ / __ / 20__

M T W T F S S

TODAY'S AFFIRMATION: _____

Morning Routine

- **BUSINESS TASKS**
    1. _____
    2. _____
    3. _____

- **LIFE TASKS**
    1. _____
    2. _____
    3. _____

{ DO

DELEGATE

DECIDE }

Evening Check-In

- IN WHAT AREAS OF LIFE OR BUSINESS DID YOU **WIN**?

- WHICH **INCOMPLETE TASKS** CAN YOU DO TOMORROW?

- HOW DID YOU **TAKE CARE OF YOURSELF** TODAY? *#SelfCareCheckIn*

- WHAT ARE YOU **GRATEFUL** FOR THIS EVENING? *#GratitudeCheckIn*

> "I am tomorrow, or some future day, what I establish today. I am today what I established yesterday or some previous day." — JAMES JOYCE

__ / __ / 20__

M T W T F S S

TODAY'S AFFIRMATION: _____

"The belief that you can have a meaningful career is the first step to finding one.." — SEAN AIKEN

Morning Routine

- **BUSINESS TASKS**
    1. _____
    2. _____
    3. _____

- **LIFE TASKS**
    1. _____
    2. _____
    3. _____

DO

DELEGATE

DECIDE

Evening Check-In

- IN WHAT AREAS OF LIFE OR BUSINESS DID YOU **WIN**?

- WHICH **INCOMPLETE TASKS** CAN YOU DO TOMORROW?

- HOW DID YOU **TAKE CARE OF YOURSELF** TODAY? *#SelfCareCheckIn*

- WHAT ARE YOU **GRATEFUL** FOR THIS EVENING? *#GratitudeCheckIn*

Weekly Review

- HOW DID YOU **WIN** THIS WEEK?

  _____
  _____
  _____
  _____

- IN WHAT AREAS DID YOU **FALL SHORT**?

  _____
  _____
  _____
  _____

- HOW CAN YOU **IMPROVE** NEXT WEEK?

  _____
  _____
  _____
  _____

- WHAT WAS YOUR **REWARD** FOR COMPLETING YOUR PLANNER THIS WEEK?

  _____

Weekly Prioritization

	URGENT	NOT URGENT
IMPORTANT	{DO}	{DECIDE}
NOT IMPORTANT	{DELEGATE}	{DELETE}

Weekly Planning

- TOP 3 **BUSINESS** TASKS:

    1. _____
    2. _____
    3. _____

- TOP 3 **LIFE** TASKS:

    1. _____
    2. _____
    3. _____

- MY **AFFIRMATION** FOR THE WEEK:

    _____
    _____
    _____

- HOW WILL YOU **REWARD** YOURSELF FOR COMPLETING YOUR SYNERGY IN 7 LIST?

    _____

__ / __ / 20__

M T W T F S S

TODAY'S AFFIRMATION: _____

Morning Routine

- **BUSINESS TASKS**
  1. _____
  2. _____
  3. _____

- **LIFE TASKS**
  1. _____
  2. _____
  3. _____

DO

DELEGATE

DECIDE

Evening Check-In

- IN WHAT AREAS OF LIFE OR BUSINESS DID YOU **WIN**?

- WHICH **INCOMPLETE TASKS** CAN YOU DO TOMORROW?

- HOW DID YOU **TAKE CARE OF YOURSELF** TODAY? *#SelfCareCheckIn*

- WHAT ARE YOU **GRATEFUL** FOR THIS EVENING? *#GratitudeCheckIn*

"Some women choose to follow men, and some women choose to follow their dreams. If you're wondering which way to go, remember that your career will never wake up and tell you that it doesn't love you anymore." LADY GAGA

__ / __ / 20__

M T W T F S S

TODAY'S AFFIRMATION: _____

Morning Routine

- **BUSINESS TASKS**
    1. _____
    2. _____
    3. _____

- **LIFE TASKS**
    1. _____
    2. _____
    3. _____

{ DO

DELEGATE

DECIDE }

Evening Check-In

- IN WHAT AREAS OF LIFE OR BUSINESS DID YOU **WIN**?

- WHICH **INCOMPLETE TASKS** CAN YOU DO TOMORROW?

- HOW DID YOU **TAKE CARE OF YOURSELF** TODAY? *#SelfCareCheckIn*

- WHAT ARE YOU **GRATEFUL** FOR THIS EVENING? *#GratitudeCheckIn*

"The best way to not feel hopeless is to get up and do something. Don't wait for good things to happen to you. If you go out and make some good things happen, you will fill the world with hope, you will fill yourself with hope." — BARACK OBAMA

__ / __ / 20__

M T W T F S S

TODAY'S AFFIRMATION: _____

Morning Routine

- **BUSINESS TASKS**
    1. _____
    2. _____
    3. _____

- **LIFE TASKS**
    1. _____
    2. _____
    3. _____

DO

DELEGATE

DECIDE

Evening Check-In

- IN WHAT AREAS OF LIFE OR BUSINESS DID YOU **WIN**?

- WHICH **INCOMPLETE TASKS** CAN YOU DO TOMORROW?

- HOW DID YOU **TAKE CARE OF YOURSELF** TODAY? *#SelfCareCheckIn*

- WHAT ARE YOU **GRATEFUL** FOR THIS EVENING? *#GratitudeCheckIn*

"Without ambition one starts nothing. Without work one finishes nothing. The prize will not be sent to you. You have to win it."
— RALPH WALDO EMERSON

__ / __ / 20__
M T W T F S S

TODAY'S AFFIRMATION: _____

Morning Routine

- **BUSINESS TASKS**
  1. _____
  2. _____
  3. _____

- **LIFE TASKS**
  1. _____
  2. _____
  3. _____

DO

DELEGATE

DECIDE

Evening Check-In

- IN WHAT AREAS OF LIFE OR BUSINESS DID YOU **WIN**?

- WHICH **INCOMPLETE TASKS** CAN YOU DO TOMORROW?

- HOW DID YOU **TAKE CARE OF YOURSELF** TODAY? *#SelfCareCheckIn*

- WHAT ARE YOU **GRATEFUL** FOR THIS EVENING? *#GratitudeCheckIn*

"Have regular hours for work and play; make each day both useful and pleasant, and prove that you understand the worth of time by employing it well. Then youth will bring few regrets, and life will become a beautiful success." — LOUISA MAY ALCOTT

__ / __ / 20__

M T W T F S S

TODAY'S AFFIRMATION: _____

"The artist is nothing without the gift, but the gift is nothing without work." ÉMILE ZOLA

Morning Routine

- **BUSINESS TASKS**
    1. _____
    2. _____
    3. _____

- **LIFE TASKS**
    1. _____
    2. _____
    3. _____

DO

DELEGATE

DECIDE

Evening Check-In

- IN WHAT AREAS OF LIFE OR BUSINESS DID YOU **WIN**?

- WHICH **INCOMPLETE TASKS** CAN YOU DO TOMORROW?

- HOW DID YOU **TAKE CARE OF YOURSELF** TODAY? *#SelfCareCheckIn*

- WHAT ARE YOU **GRATEFUL** FOR THIS EVENING? *#GratitudeCheckIn*

__ / __ / 20__

M T W T F S S

TODAY'S AFFIRMATION: _____

Morning Routine

- **BUSINESS TASKS**
    1. _____
    2. _____
    3. _____

- **LIFE TASKS**
    1. _____
    2. _____
    3. _____

{ DO

DELEGATE

DECIDE }

"The difference between ordinary and extraordinary is that little extra." — JIMMY JOHNSON

Evening Check-In

- IN WHAT AREAS OF LIFE OR BUSINESS DID YOU **WIN**?

- WHICH **INCOMPLETE TASKS** CAN YOU DO TOMORROW?

- HOW DID YOU **TAKE CARE OF YOURSELF** TODAY? *#SelfCareCheckIn*

- WHAT ARE YOU **GRATEFUL** FOR THIS EVENING? *#GratitudeCheckIn*

__ / __ / 20__

M T W T F S S

TODAY'S AFFIRMATION: _____

"In dwelling, live close to the ground. In thinking, keep to the simple. In conflict, be fair and generous. In governing, don't try to control. In work, do what you enjoy. In family life, be completely present." — LAO TZU

Morning Routine

- **BUSINESS TASKS**
  1. _____
  2. _____
  3. _____

- **LIFE TASKS**
  1. _____
  2. _____
  3. _____

DO

DELEGATE

DECIDE

Evening Check-In

- IN WHAT AREAS OF LIFE OR BUSINESS DID YOU **WIN**?

- WHICH **INCOMPLETE TASKS** CAN YOU DO TOMORROW?

- HOW DID YOU **TAKE CARE OF YOURSELF** TODAY? *#SelfCareCheckIn*

- WHAT ARE YOU **GRATEFUL** FOR THIS EVENING? *#GratitudeCheckIn*

Weekly Review

- HOW DID YOU **WIN** THIS WEEK?

  _____
  _____
  _____

- IN WHAT AREAS DID YOU **FALL SHORT**?

  _____
  _____
  _____

- HOW CAN YOU **IMPROVE** NEXT WEEK?

  _____
  _____
  _____

- WHAT WAS YOUR **REWARD** FOR COMPLETING YOUR PLANNER THIS WEEK?

  _____

Weekly Prioritization

	URGENT	NOT URGENT
IMPORTANT	{DO}	{DECIDE}
NOT IMPORTANT	{DELEGATE}	{DELETE}

Weekly Planning

- TOP 3 **BUSINESS** TASKS:

    1. _____
    2. _____
    3. _____

- TOP 3 **LIFE** TASKS:

    1. _____
    2. _____
    3. _____

- MY **AFFIRMATION** FOR THE WEEK:

    _____
    _____
    _____

- HOW WILL YOU **REWARD** YOURSELF FOR COMPLETING YOUR SYNERGY IN 7 LIST?

    _____

__ / __ / 20__
M T W T F S S

TODAY'S _____
AFFIRMATION: _____

"Make your work to be in keeping with your purpose." LEONARDO DA VINCI

Morning Routine

- **BUSINESS TASKS**
    1. _____
    2. _____
    3. _____

- **LIFE TASKS**
    1. _____
    2. _____
    3. _____

DO

DELEGATE

DECIDE

Evening Check-In

- IN WHAT AREAS OF LIFE OR BUSINESS DID YOU **WIN**?

- WHICH **INCOMPLETE TASKS** CAN YOU DO TOMORROW?

- HOW DID YOU **TAKE CARE OF YOURSELF** TODAY? *#SelfCareCheckIn*

- WHAT ARE YOU **GRATEFUL** FOR THIS EVENING? *#GratitudeCheckIn*

__ / __ / 20__
M T W T F S S

TODAY'S AFFIRMATION: _____

Morning Routine

- **BUSINESS TASKS**
  1. _____
  2. _____
  3. _____

- **LIFE TASKS**
  1. _____
  2. _____
  3. _____

DO

DELEGATE

DECIDE

"We can only see a short distance ahead, but we can see plenty there that needs to be done." — ALAN TURING

Evening Check-In

- IN WHAT AREAS OF LIFE OR BUSINESS DID YOU **WIN**?

- WHICH **INCOMPLETE TASKS** CAN YOU DO TOMORROW?

- HOW DID YOU **TAKE CARE OF YOURSELF** TODAY? *#SelfCareCheckIn*

- WHAT ARE YOU **GRATEFUL** FOR THIS EVENING? *#GratitudeCheckIn*

__ / __ / 20__

M T W T F S S

TODAY'S AFFIRMATION: _____

"MThat's when I first learned that it wasn't enough to just do your job, you had to have an interest in it, even a passion for it."
— CHARLES BUKOWSKI

Morning Routine

- **BUSINESS TASKS**
  1. _____
  2. _____
  3. _____

- **LIFE TASKS**
  1. _____
  2. _____
  3. _____

DO

DELEGATE

DECIDE

Evening Check-In

- IN WHAT AREAS OF LIFE OR BUSINESS DID YOU **WIN**?

- WHICH **INCOMPLETE TASKS** CAN YOU DO TOMORROW?

- HOW DID YOU **TAKE CARE OF YOURSELF** TODAY? *#SelfCareCheckIn*

- WHAT ARE YOU **GRATEFUL** FOR THIS EVENING? *#GratitudeCheckIn*

__ / __ / 20__

M T W T F S S

TODAY'S AFFIRMATION: _____

Morning Routine

- **BUSINESS TASKS**
    1. _____
    2. _____
    3. _____

- **LIFE TASKS**
    1. _____
    2. _____
    3. _____

{ DO

DELEGATE

DECIDE }

Evening Check-In

- IN WHAT AREAS OF LIFE OR BUSINESS DID YOU **WIN**?

- WHICH **INCOMPLETE TASKS** CAN YOU DO TOMORROW?

- HOW DID YOU **TAKE CARE OF YOURSELF** TODAY? *#SelfCareCheckIn*

- WHAT ARE YOU **GRATEFUL** FOR THIS EVENING? *#GratitudeCheckIn*

"Non-judgment quiets the internal dialogue, and this opens once again the doorway to creativity." — DEEPAK CHOPRA

__ / __ / 20__

M T W T F S S

TODAY'S AFFIRMATION: _____

Morning Routine

- **BUSINESS TASKS**
    1. _____
    2. _____
    3. _____

- **LIFE TASKS**
    1. _____
    2. _____
    3. _____

DO

DELEGATE

DECIDE

"Hard work is a prison sentence only if it does not have meaning." MALCOLM GLADWELL

Evening Check-In

- IN WHAT AREAS OF LIFE OR BUSINESS DID YOU **WIN**?

- WHICH **INCOMPLETE TASKS** CAN YOU DO TOMORROW?

- HOW DID YOU **TAKE CARE OF YOURSELF** TODAY? *#SelfCareCheckIn*

- WHAT ARE YOU **GRATEFUL** FOR THIS EVENING? *#GratitudeCheckIn*

__ / __ / 20__
M T W T F S S

TODAY'S AFFIRMATION: _____

Morning Routine

- **BUSINESS TASKS**
    1. _____
    2. _____
    3. _____

- **LIFE TASKS**
    1. _____
    2. _____
    3. _____

{ DO

DELEGATE

DECIDE }

"In my experience, nothing worthwhile has ever really been all that easy. But it certainly has been worthwhile regardless how difficult it seemed." — ROBERT FANNEY

Evening Check-In

- IN WHAT AREAS OF LIFE OR BUSINESS DID YOU **WIN**?

- WHICH **INCOMPLETE TASKS** CAN YOU DO TOMORROW?

- HOW DID YOU **TAKE CARE OF YOURSELF** TODAY? *#SelfCareCheckIn*

- WHAT ARE YOU **GRATEFUL** FOR THIS EVENING? *#GratitudeCheckIn*

__ / __ / 20__

M T W T F S S

TODAY'S AFFIRMATION: _____

"It has been my philosophy of life that difficulties vanish when faced boldly.." ISAAC ASIMOV

Morning Routine

- **BUSINESS TASKS**
  1. _____
  2. _____
  3. _____

- **LIFE TASKS**
  1. _____
  2. _____
  3. _____

{ DO

DELEGATE

DECIDE }

Evening Check-In

- IN WHAT AREAS OF LIFE OR BUSINESS DID YOU **WIN**?

- WHICH **INCOMPLETE TASKS** CAN YOU DO TOMORROW?

- HOW DID YOU **TAKE CARE OF YOURSELF** TODAY? *#SelfCareCheckIn*

- WHAT ARE YOU **GRATEFUL** FOR THIS EVENING? *#GratitudeCheckIn*

Weekly Review

- HOW DID YOU **WIN** THIS WEEK?

  _____
  _____
  _____

- IN WHAT AREAS DID YOU **FALL SHORT**?

  _____
  _____
  _____

- HOW CAN YOU **IMPROVE** NEXT WEEK?

  _____
  _____
  _____

- WHAT WAS YOUR **REWARD** FOR COMPLETING YOUR PLANNER THIS WEEK?

  _____

Weekly Prioritization

	URGENT	NOT URGENT
IMPORTANT	{DO}	{DECIDE}
NOT IMPORTANT	{DELEGATE}	{DELETE}

Weekly Planning

- TOP 3 **BUSINESS** TASKS:

    1. _____
    2. _____
    3. _____

- TOP 3 **LIFE** TASKS:

    1. _____
    2. _____
    3. _____

- MY **AFFIRMATION** FOR THE WEEK:

    _____
    _____
    _____

- HOW WILL YOU **REWARD** YOURSELF FOR COMPLETING YOUR SYNERGY IN 7 LIST?

    _____

__ / __ / 20__

M T W T F S S

TODAY'S AFFIRMATION: _____

Morning Routine

- **BUSINESS TASKS**
  1. _____
  2. _____
  3. _____

- **LIFE TASKS**
  1. _____
  2. _____
  3. _____

DO

DELEGATE

DECIDE

Evening Check-In

- IN WHAT AREAS OF LIFE OR BUSINESS DID YOU **WIN**?

- WHICH **INCOMPLETE TASKS** CAN YOU DO TOMORROW?

- HOW DID YOU **TAKE CARE OF YOURSELF** TODAY? *#SelfCareCheckIn*

- WHAT ARE YOU **GRATEFUL** FOR THIS EVENING? *#GratitudeCheckIn*

"No work is insignificant. All labor that uplifts humanity has dignity and importance and should be undertaken with painstaking excellence." — MARTIN LUTHER KING JR.

__ / __ / 20__

M T W T F S S

TODAY'S AFFIRMATION: _____
_____

Morning Routine

- **BUSINESS TASKS**
  1. _____
  2. _____
  3. _____

- **LIFE TASKS**
  1. _____
  2. _____
  3. _____

{ DO

DELEGATE

DECIDE }

Evening Check-In

- IN WHAT AREAS OF LIFE OR BUSINESS DID YOU **WIN**?

- WHICH **INCOMPLETE TASKS** CAN YOU DO TOMORROW?

- HOW DID YOU **TAKE CARE OF YOURSELF** TODAY? *#SelfCareCheckIn*

- WHAT ARE YOU **GRATEFUL** FOR THIS EVENING? *#GratitudeCheckIn*

"I think a lot of people dream. And while they are busy dreaming, the really happy people, the really successful people, the really interesting, powerful, engaged people? Are busy doing." SHONDA RHIMES

__ / __ / 20__
M T W T F S S

TODAY'S AFFIRMATION: _____

"Never work just for money or for power. They won't save your soul or help you sleep at night." — MARIAN WRIGHT EDELMAN

Morning Routine

- **BUSINESS TASKS**
    1. _____
    2. _____
    3. _____

- **LIFE TASKS**
    1. _____
    2. _____
    3. _____

DO

DELEGATE

DECIDE

Evening Check-In

- IN WHAT AREAS OF LIFE OR BUSINESS DID YOU **WIN**?

- WHICH **INCOMPLETE TASKS** CAN YOU DO TOMORROW?

- HOW DID YOU **TAKE CARE OF YOURSELF** TODAY? *#SelfCareCheckIn*

- WHAT ARE YOU **GRATEFUL** FOR THIS EVENING? *#GratitudeCheckIn*

__ / __ / 20__

M T W T F S S

TODAY'S AFFIRMATION: _____

Morning Routine

- **BUSINESS TASKS**
    1. _____
    2. _____
    3. _____

- **LIFE TASKS**
    1. _____
    2. _____
    3. _____

{ DO

DELEGATE

DECIDE }

Evening Check-In

- IN WHAT AREAS OF LIFE OR BUSINESS DID YOU **WIN**?

- WHICH **INCOMPLETE TASKS** CAN YOU DO TOMORROW?

- HOW DID YOU **TAKE CARE OF YOURSELF** TODAY? *#SelfCareCheckIn*

- WHAT ARE YOU **GRATEFUL** FOR THIS EVENING? *#GratitudeCheckIn*

"Be like a duck, paddling and working very hard inside the water, but what everyone sees is a smiling and calm face." — MANOJ ARORA

__ / __ / 20 __

M T W T F S S

TODAY'S AFFIRMATION: _____

Morning Routine

- ### BUSINESS TASKS
  1. _____
  2. _____
  3. _____

- ### LIFE TASKS
  1. _____
  2. _____
  3. _____

Evening Check-In

- IN WHAT AREAS OF LIFE OR BUSINESS DID YOU **WIN**?

- WHICH **INCOMPLETE TASKS** CAN YOU DO TOMORROW?

- HOW DID YOU **TAKE CARE OF YOURSELF** TODAY? *#SelfCareCheckIn*

- WHAT ARE YOU **GRATEFUL** FOR THIS EVENING? *#GratitudeCheckIn*

{ DO

DELEGATE

DECIDE }

"The professional has learned that success, like happiness, comes as a by-product of work. The professional concentrates on the work and allows rewards to come or not come, whatever they like." STEVEN PRESSFIELD

__ / __ / 20__

M T W T F S S

TODAY'S AFFIRMATION: _____
_____

Morning Routine

- **BUSINESS TASKS**
    1. _____
    2. _____
    3. _____

- **LIFE TASKS**
    1. _____
    2. _____
    3. _____

DO

DELEGATE

DECIDE

"Pray like it all depends on God, but work like it all depends on you." DAVE RAMSEY

Evening Check-In

- IN WHAT AREAS OF LIFE OR BUSINESS DID YOU **WIN**?

- WHICH **INCOMPLETE TASKS** CAN YOU DO TOMORROW?

- HOW DID YOU **TAKE CARE OF YOURSELF** TODAY? *#SelfCareCheckIn*

- WHAT ARE YOU **GRATEFUL** FOR THIS EVENING? *#GratitudeCheckIn*

__ / __ / 20 __
M T W T F S S

TODAY'S AFFIRMATION: _____

"To be successful, one has to be one of three bees – the queen bee, the hardest working bee, or the bee that does not fit in." — SUZY KASSEM

Morning Routine

- **BUSINESS TASKS**
    1. _____
    2. _____
    3. _____

- **LIFE TASKS**
    1. _____
    2. _____
    3. _____

{ DO

DELEGATE

DECIDE }

Evening Check-In

- IN WHAT AREAS OF LIFE OR BUSINESS DID YOU **WIN**?

- WHICH **INCOMPLETE TASKS** CAN YOU DO TOMORROW?

- HOW DID YOU **TAKE CARE OF YOURSELF** TODAY? *#SelfCareCheckIn*

- WHAT ARE YOU **GRATEFUL** FOR THIS EVENING? *#GratitudeCheckIn*

Weekly Review

- HOW DID YOU **WIN** THIS WEEK?

  _____
  _____
  _____

- IN WHAT AREAS DID YOU **FALL SHORT**?

  _____
  _____
  _____

- HOW CAN YOU **IMPROVE** NEXT WEEK?

  _____
  _____
  _____

- WHAT WAS YOUR **REWARD** FOR COMPLETING YOUR PLANNER THIS WEEK?

  _____

Monthly Check-In

- WHAT WERE YOUR **WINS** THIS MONTH?
  _____
  _____
  _____

- IN WHAT AREAS DID YOU **FALL SHORT**?
  _____
  _____
  _____

- HOW CAN YOU **IMPROVE** NEXT MONTH?
  _____
  _____
  _____

- NOTES:
  _____
  _____
  _____

Weekly Prioritization

	URGENT	NOT URGENT
IMPORTANT	{DO}	{DECIDE}
NOT IMPORTANT	{DELEGATE}	{DELETE}

Weekly Planning

- TOP 3 **BUSINESS** TASKS:

    1. _____
    2. _____
    3. _____

- TOP 3 **LIFE** TASKS:

    1. _____
    2. _____
    3. _____

- MY **AFFIRMATION** FOR THE WEEK:

    _____
    _____
    _____

- HOW WILL YOU **REWARD** YOURSELF FOR COMPLETING YOUR SYNERGY IN 7 LIST?

    _____

__ / __ / 20 __
M T W T F S S

TODAY'S AFFIRMATION: _____

Morning Routine

- **BUSINESS TASKS**
    1. _____
    2. _____
    3. _____

- **LIFE TASKS**
    1. _____
    2. _____
    3. _____

DO

DELEGATE

DECIDE

Evening Check-In

- IN WHAT AREAS OF LIFE OR BUSINESS DID YOU **WIN**?

- WHICH **INCOMPLETE TASKS** CAN YOU DO TOMORROW?

- HOW DID YOU **TAKE CARE OF YOURSELF** TODAY? *#SelfCareCheckIn*

- WHAT ARE YOU **GRATEFUL** FOR THIS EVENING? *#GratitudeCheckIn*

"There is virtue in work and there is virtue in rest. Use both and overlook neither." ALAN COHEN

__ / __ / 20__

M T W T F S S

TODAY'S AFFIRMATION: _____

Morning Routine

- **BUSINESS TASKS**
    1. _____
    2. _____
    3. _____

- **LIFE TASKS**
    1. _____
    2. _____
    3. _____

{ DO

DELEGATE

DECIDE }

"The more I want to get something done the less I call it work." RICHARD BACH

Evening Check-In

- IN WHAT AREAS OF LIFE OR BUSINESS DID YOU **WIN**?

- WHICH **INCOMPLETE TASKS** CAN YOU DO TOMORROW?

- HOW DID YOU **TAKE CARE OF YOURSELF** TODAY? *#SelfCareCheckIn*

- WHAT ARE YOU **GRATEFUL** FOR THIS EVENING? *#GratitudeCheckIn*

__ / __ / 20__

M T W T F S S

TODAY'S AFFIRMATION: _____

Morning Routine

- **BUSINESS TASKS**
    1. _____
    2. _____
    3. _____

- **LIFE TASKS**
    1. _____
    2. _____
    3. _____

DO

DELEGATE

DECIDE

"Don't overact the story of your name. Overact the story of your work." KARL LAGERFELD

Evening Check-In

- IN WHAT AREAS OF LIFE OR BUSINESS DID YOU **WIN**?

- WHICH **INCOMPLETE TASKS** CAN YOU DO TOMORROW?

- HOW DID YOU **TAKE CARE OF YOURSELF** TODAY? *#SelfCareCheckIn*

- WHAT ARE YOU **GRATEFUL** FOR THIS EVENING? *#GratitudeCheckIn*

__ / __ / 20__

M T W T F S S

TODAY'S AFFIRMATION: _____

Morning Routine

- **BUSINESS TASKS**
    1. _____
    2. _____
    3. _____

- **LIFE TASKS**
    1. _____
    2. _____
    3. _____

{ DO

DELEGATE

DECIDE }

"There is never a traffic jam created from people going the extra mile." — JEFF DIXON

Evening Check-In

- IN WHAT AREAS OF LIFE OR BUSINESS DID YOU **WIN**?

- WHICH **INCOMPLETE TASKS** CAN YOU DO TOMORROW?

- HOW DID YOU **TAKE CARE OF YOURSELF** TODAY? *#SelfCareCheckIn*

- WHAT ARE YOU **GRATEFUL** FOR THIS EVENING? *#GratitudeCheckIn*

__/__/20__

M T W T F S S

TODAY'S AFFIRMATION: _____

"Your positive action combined with positive thinking results in success." SHIV KHERA

Morning Routine

- **BUSINESS TASKS**
    1. _____
    2. _____
    3. _____

- **LIFE TASKS**
    1. _____
    2. _____
    3. _____

DO

DELEGATE

DECIDE

Evening Check-In

- IN WHAT AREAS OF LIFE OR BUSINESS DID YOU **WIN**?

- WHICH **INCOMPLETE TASKS** CAN YOU DO TOMORROW?

- HOW DID YOU **TAKE CARE OF YOURSELF** TODAY? *#SelfCareCheckIn*

- WHAT ARE YOU **GRATEFUL** FOR THIS EVENING? *#GratitudeCheckIn*

__ / __ / 20__
M T W T F S S

TODAY'S AFFIRMATION: _____

Morning Routine

- **BUSINESS TASKS**
    1. _____
    2. _____
    3. _____

- **LIFE TASKS**
    1. _____
    2. _____
    3. _____

{ DO

DELEGATE

DECIDE }

Evening Check-In

- IN WHAT AREAS OF LIFE OR BUSINESS DID YOU **WIN**?

- WHICH **INCOMPLETE TASKS** CAN YOU DO TOMORROW?

- HOW DID YOU **TAKE CARE OF YOURSELF** TODAY? *#SelfCareCheckIn*

- WHAT ARE YOU **GRATEFUL** FOR THIS EVENING? *#GratitudeCheckIn*

"Success is not final, failure is not fatal: it is the courage to continue that counts." — WINSTON S. CHURCHILL

__ / __ / 20__
M T W T F S S

TODAY'S AFFIRMATION: _____

"It is better to fail in originality than to succeed in imitation." — HERMAN MELVILLE

Morning Routine

- **BUSINESS TASKS**
  1. _____
  2. _____
  3. _____

- **LIFE TASKS**
  1. _____
  2. _____
  3. _____

DO

DELEGATE

DECIDE

Evening Check-In

- IN WHAT AREAS OF LIFE OR BUSINESS DID YOU **WIN**?

- WHICH **INCOMPLETE TASKS** CAN YOU DO TOMORROW?

- HOW DID YOU **TAKE CARE OF YOURSELF** TODAY? *#SelfCareCheckIn*

- WHAT ARE YOU **GRATEFUL** FOR THIS EVENING? *#GratitudeCheckIn*

Weekly Review

- HOW DID YOU **WIN** THIS WEEK?

  _____
  _____
  _____

- IN WHAT AREAS DID YOU **FALL SHORT**?

  _____
  _____
  _____

- HOW CAN YOU **IMPROVE** NEXT WEEK?

  _____
  _____
  _____

- WHAT WAS YOUR **REWARD** FOR COMPLETING YOUR PLANNER THIS WEEK?

  _____

Weekly Prioritization

	URGENT	NOT URGENT
IMPORTANT	{DO}	{DECIDE}
NOT IMPORTANT	{DELEGATE}	{DELETE}

Weekly Planning

- TOP 3 **BUSINESS** TASKS:

    1. _____
    2. _____
    3. _____

- TOP 3 **LIFE** TASKS:

    1. _____
    2. _____
    3. _____

- MY **AFFIRMATION** FOR THE WEEK:

    _____
    _____
    _____

- HOW WILL YOU **REWARD** YOURSELF FOR COMPLETING YOUR SYNERGY IN 7 LIST?

    _____

__ / __ / 20__
M T W T F S S

TODAY'S AFFIRMATION: _____

"Success is getting what you want, happiness is wanting what you get." W.P. KINSELLA

Morning Routine

- **BUSINESS TASKS**
    1. _____
    2. _____
    3. _____

- **LIFE TASKS**
    1. _____
    2. _____
    3. _____

{ DO

DELEGATE

DECIDE }

Evening Check-In

- IN WHAT AREAS OF LIFE OR BUSINESS DID YOU **WIN**?

- WHICH **INCOMPLETE TASKS** CAN YOU DO TOMORROW?

- HOW DID YOU **TAKE CARE OF YOURSELF** TODAY? *#SelfCareCheckIn*

- WHAT ARE YOU **GRATEFUL** FOR THIS EVENING? *#GratitudeCheckIn*

__ / __ / 20__
M T W T F S S

TODAY'S AFFIRMATION: _____

Morning Routine

- **BUSINESS TASKS**
  1. _____
  2. _____
  3. _____

- **LIFE TASKS**
  1. _____
  2. _____
  3. _____

DO

DELEGATE

DECIDE

Evening Check-In

- IN WHAT AREAS OF LIFE OR BUSINESS DID YOU **WIN**?

- WHICH **INCOMPLETE TASKS** CAN YOU DO TOMORROW?

- HOW DID YOU **TAKE CARE OF YOURSELF** TODAY? *#SelfCareCheckIn*

- WHAT ARE YOU **GRATEFUL** FOR THIS EVENING? *#GratitudeCheckIn*

"Success is not how high you have climbed, but how you make a positive difference to the world." ROY T. BENNETT

__ / __ / 20 __
M T W T F S S

TODAY'S _____
AFFIRMATION: _____

"Success, after all, loves a witness, but failure can't exist without one." JUNOT DÍAZ

Morning Routine

- **BUSINESS TASKS**
  1. _____
  2. _____
  3. _____

- **LIFE TASKS**
  1. _____
  2. _____
  3. _____

DO

DELEGATE

DECIDE

Evening Check-In

- IN WHAT AREAS OF LIFE OR BUSINESS DID YOU **WIN**?

- WHICH **INCOMPLETE TASKS** CAN YOU DO TOMORROW?

- HOW DID YOU **TAKE CARE OF YOURSELF** TODAY? *#SelfCareCheckIn*

- WHAT ARE YOU **GRATEFUL** FOR THIS EVENING? *#GratitudeCheckIn*

__ / __ / 20__

M T W T F S S

TODAY'S AFFIRMATION: _____
_____

Morning Routine

- **BUSINESS TASKS**
  1. _____
  2. _____
  3. _____

- **LIFE TASKS**
  1. _____
  2. _____
  3. _____

DO

DELEGATE

DECIDE

Evening Check-In

- IN WHAT AREAS OF LIFE OR BUSINESS DID YOU **WIN**?

- WHICH **INCOMPLETE TASKS** CAN YOU DO TOMORROW?

- HOW DID YOU **TAKE CARE OF YOURSELF** TODAY? *#SelfCareCheckIn*

- WHAT ARE YOU **GRATEFUL** FOR THIS EVENING? *#GratitudeCheckIn*

"Persistence. Perfection. Patience. Power. Prioritize your passion. It keeps you sane." — CRISS JAMI

__ / __ / 20__

M T W T F S S

TODAY'S AFFIRMATION: _____

Morning Routine

- **BUSINESS TASKS**
    1. _____
    2. _____
    3. _____

- **LIFE TASKS**
    1. _____
    2. _____
    3. _____

DO

DELEGATE

DECIDE

"Act the way you'd like to be and soon you'll be the way you'd like to act." BOB DYLAN

Evening Check-In

- IN WHAT AREAS OF LIFE OR BUSINESS DID YOU **WIN**?

- WHICH **INCOMPLETE TASKS** CAN YOU DO TOMORROW?

- HOW DID YOU **TAKE CARE OF YOURSELF** TODAY? *#SelfCareCheckIn*

- WHAT ARE YOU **GRATEFUL** FOR THIS EVENING? *#GratitudeCheckIn*

__ / __ / 20 __

M T W T F S S

TODAY'S AFFIRMATION: _____

Morning Routine

- **BUSINESS TASKS**
    1. _____
    2. _____
    3. _____

- **LIFE TASKS**
    1. _____
    2. _____
    3. _____

DO

DELEGATE

DECIDE

Evening Check-In

- IN WHAT AREAS OF LIFE OR BUSINESS DID YOU **WIN**?

- WHICH **INCOMPLETE TASKS** CAN YOU DO TOMORROW?

- HOW DID YOU **TAKE CARE OF YOURSELF** TODAY? *#SelfCareCheckIn*

- WHAT ARE YOU **GRATEFUL** FOR THIS EVENING? *#GratitudeCheckIn*

"If you fuel your journey on the opinions of others, you are going to run out of gas." STEVE MARABOLI

__ / __ / 20__

M T W T F S S

TODAY'S AFFIRMATION: _____

Morning Routine

- **BUSINESS TASKS**
    1. _____
    2. _____
    3. _____

- **LIFE TASKS**
    1. _____
    2. _____
    3. _____

DO

DELEGATE

DECIDE

"Life always begins with one step outside of your comfort zone." SHANNON L. ALDER

Evening Check-In

- IN WHAT AREAS OF LIFE OR BUSINESS DID YOU **WIN**?

- WHICH **INCOMPLETE TASKS** CAN YOU DO TOMORROW?

- HOW DID YOU **TAKE CARE OF YOURSELF** TODAY? *#SelfCareCheckIn*

- WHAT ARE YOU **GRATEFUL** FOR THIS EVENING? *#GratitudeCheckIn*

Weekly Review

- HOW DID YOU **WIN** THIS WEEK?

  _____
  _____
  _____

- IN WHAT AREAS DID YOU **FALL SHORT**?

  _____
  _____
  _____

- HOW CAN YOU **IMPROVE** NEXT WEEK?

  _____
  _____
  _____

- WHAT WAS YOUR **REWARD** FOR COMPLETING YOUR PLANNER THIS WEEK?

  _____

Weekly Prioritization

	URGENT	NOT URGENT
IMPORTANT	{DO}	{DECIDE}
NOT IMPORTANT	{DELEGATE}	{DELETE}

Weekly Planning

- TOP 3 **BUSINESS** TASKS:

    1. _____
    2. _____
    3. _____

- TOP 3 **LIFE** TASKS:

    1. _____
    2. _____
    3. _____

- MY **AFFIRMATION** FOR THE WEEK:

    _____
    _____
    _____

- HOW WILL YOU **REWARD** YOURSELF FOR COMPLETING YOUR SYNERGY IN 7 LIST?

    _____

__ / __ / 20__

M T W T F S S

TODAY'S AFFIRMATION: _____

Morning Routine

- **BUSINESS TASKS**
    1. _____
    2. _____
    3. _____

- **LIFE TASKS**
    1. _____
    2. _____
    3. _____

DO

DELEGATE

DECIDE

"It's failure that gives you the proper perspective on success." ELLEN DEGENERES

Evening Check-In

- IN WHAT AREAS OF LIFE OR BUSINESS DID YOU **WIN**?

- WHICH **INCOMPLETE TASKS** CAN YOU DO TOMORROW?

- HOW DID YOU **TAKE CARE OF YOURSELF** TODAY? *#SelfCareCheckIn*

- WHAT ARE YOU **GRATEFUL** FOR THIS EVENING? *#GratitudeCheckIn*

__ / __ / 20__

M T W T F S S

TODAY'S _____
AFFIRMATION: _____

Morning Routine

- **BUSINESS TASKS**
  1. _____
  2. _____
  3. _____

- **LIFE TASKS**
  1. _____
  2. _____
  3. _____

DO

DELEGATE

DECIDE

"You may be disappointed if you fail, but you are doomed if you don't try." BEVERLY SILLS

Evening Check-In

- IN WHAT AREAS OF LIFE OR BUSINESS DID YOU **WIN**?

- WHICH **INCOMPLETE TASKS** CAN YOU DO TOMORROW?

- HOW DID YOU **TAKE CARE OF YOURSELF** TODAY? *#SelfCareCheckIn*

- WHAT ARE YOU **GRATEFUL** FOR THIS EVENING? *#GratitudeCheckIn*

__ / __ / 20__
M T W T F S S

TODAY'S _____
AFFIRMATION: _____

Morning Routine

- **BUSINESS TASKS**
    1. _____
    2. _____
    3. _____

- **LIFE TASKS**
    1. _____
    2. _____
    3. _____

DO

DELEGATE

DECIDE

Evening Check-In

- IN WHAT AREAS OF LIFE OR BUSINESS DID YOU **WIN**?

- WHICH **INCOMPLETE TASKS** CAN YOU DO TOMORROW?

- HOW DID YOU **TAKE CARE OF YOURSELF** TODAY? *#SelfCareCheckIn*

- WHAT ARE YOU **GRATEFUL** FOR THIS EVENING? *#GratitudeCheckIn*

"The merit of all things lies in their difficulty." ALEXANDRE DUMAS

__ / __ / 20__

M T W T F S S

TODAY'S AFFIRMATION: _____

Morning Routine

- **BUSINESS TASKS**
    1. _____
    2. _____
    3. _____

- **LIFE TASKS**
    1. _____
    2. _____
    3. _____

DO

DELEGATE

DECIDE

"Those who don't jump will never fly." LEENA AHMAD ALMASHAT

Evening Check-In

- IN WHAT AREAS OF LIFE OR BUSINESS DID YOU **WIN**?

- WHICH **INCOMPLETE TASKS** CAN YOU DO TOMORROW?

- HOW DID YOU **TAKE CARE OF YOURSELF** TODAY? *#SelfCareCheckIn*

- WHAT ARE YOU **GRATEFUL** FOR THIS EVENING? *#GratitudeCheckIn*

__ / __ / 20__

M T W T F S S

TODAY'S AFFIRMATION: _____

"Don't worry about being effective. Just concentrate on being faithful to the truth." — DOROTHY DAY

Morning Routine

- **BUSINESS TASKS**
  1. _____
  2. _____
  3. _____

- **LIFE TASKS**
  1. _____
  2. _____
  3. _____

DO

DELEGATE

DECIDE

Evening Check-In

- IN WHAT AREAS OF LIFE OR BUSINESS DID YOU **WIN**?

- WHICH **INCOMPLETE TASKS** CAN YOU DO TOMORROW?

- HOW DID YOU **TAKE CARE OF YOURSELF** TODAY? *#SelfCareCheckIn*

- WHAT ARE YOU **GRATEFUL** FOR THIS EVENING? *#GratitudeCheckIn*

__ / __ / 20__

M T W T F S S

TODAY'S AFFIRMATION: _____
_____

Morning Routine

- **BUSINESS TASKS**
    1. _____
    2. _____
    3. _____

- **LIFE TASKS**
    1. _____
    2. _____
    3. _____

{ DO

DELEGATE

DECIDE }

"You make mistakes, mistakes don't make you." — MAXWELL MALTZ

Evening Check-In

- IN WHAT AREAS OF LIFE OR BUSINESS DID YOU **WIN**?

- WHICH **INCOMPLETE TASKS** CAN YOU DO TOMORROW?

- HOW DID YOU **TAKE CARE OF YOURSELF** TODAY? *#SelfCareCheckIn*

- WHAT ARE YOU **GRATEFUL** FOR THIS EVENING? *#GratitudeCheckIn*

__ / __ / 20 __
M T W T F S S

TODAY'S AFFIRMATION: _____
_____

Morning Routine

- **BUSINESS TASKS**
    1. _____
    2. _____
    3. _____

- **LIFE TASKS**
    1. _____
    2. _____
    3. _____

DO

DELEGATE

DECIDE

"Diligence is the mother of good fortune." MIGUEL DE CERVANTES SAAVEDRA

Evening Check-In

- IN WHAT AREAS OF LIFE OR BUSINESS DID YOU **WIN**?

- WHICH **INCOMPLETE TASKS** CAN YOU DO TOMORROW?

- HOW DID YOU **TAKE CARE OF YOURSELF** TODAY? *#SelfCareCheckIn*

- WHAT ARE YOU **GRATEFUL** FOR THIS EVENING? *#GratitudeCheckIn*

Weekly Review

- HOW DID YOU **WIN** THIS WEEK?

  _____
  _____
  _____

- IN WHAT AREAS DID YOU **FALL SHORT**?

  _____
  _____
  _____

- HOW CAN YOU **IMPROVE** NEXT WEEK?

  _____
  _____
  _____

- WHAT WAS YOUR **REWARD** FOR COMPLETING YOUR PLANNER THIS WEEK?

  _____

Weekly Prioritization

	URGENT	NOT URGENT
IMPORTANT	{DO}	{DECIDE}
NOT IMPORTANT	{DELEGATE}	{DELETE}

Weekly Planning

- TOP 3 **BUSINESS** TASKS:

    1. _____
    2. _____
    3. _____

- TOP 3 **LIFE** TASKS:

    1. _____
    2. _____
    3. _____

- MY **AFFIRMATION** FOR THE WEEK:

    _____
    _____
    _____

- HOW WILL YOU **REWARD** YOURSELF FOR COMPLETING YOUR SYNERGY IN 7 LIST?

    _____

__ / __ / 20__

M T W T F S S

TODAY'S AFFIRMATION: _____

"Why are you going to choose failure when success is an option?" JILLIAN MICHAELS

Morning Routine

- **BUSINESS TASKS**
    1. _____
    2. _____
    3. _____

- **LIFE TASKS**
    1. _____
    2. _____
    3. _____

DO

DELEGATE

DECIDE

Evening Check-In

- IN WHAT AREAS OF LIFE OR BUSINESS DID YOU **WIN**?

- WHICH **INCOMPLETE TASKS** CAN YOU DO TOMORROW?

- HOW DID YOU **TAKE CARE OF YOURSELF** TODAY? *#SelfCareCheckIn*

- WHAT ARE YOU **GRATEFUL** FOR THIS EVENING? *#GratitudeCheckIn*

__ / __ / 20__
M T W T F S S

TODAY'S AFFIRMATION: _____

Morning Routine

- **BUSINESS TASKS**
    1. _____
    2. _____
    3. _____

- **LIFE TASKS**
    1. _____
    2. _____
    3. _____

DO

DELEGATE

DECIDE

"People can change anything they want to, and that means everything in the world." JOE STRUMMER

Evening Check-In

- IN WHAT AREAS OF LIFE OR BUSINESS DID YOU **WIN**?

- WHICH **INCOMPLETE TASKS** CAN YOU DO TOMORROW?

- HOW DID YOU **TAKE CARE OF YOURSELF** TODAY? *#SelfCareCheckIn*

- WHAT ARE YOU **GRATEFUL** FOR THIS EVENING? *#GratitudeCheckIn*

__ / __ / 20__

M T W T F S S

"Imperfection is beauty, madness is genius and it's better to be absolutely ridiculous than absolutely boring." MARILYN MONROE

TODAY'S AFFIRMATION: _____

Morning Routine

- **BUSINESS TASKS**
    1. _____
    2. _____
    3. _____

- **LIFE TASKS**
    1. _____
    2. _____
    3. _____

DO

DELEGATE

DECIDE

Evening Check-In

- IN WHAT AREAS OF LIFE OR BUSINESS DID YOU **WIN**?

- WHICH **INCOMPLETE TASKS** CAN YOU DO TOMORROW?

- HOW DID YOU **TAKE CARE OF YOURSELF** TODAY? *#SelfCareCheckIn*

- WHAT ARE YOU **GRATEFUL** FOR THIS EVENING? *#GratitudeCheckIn*

__ / __ / 20__

M T W T F S S

TODAY'S AFFIRMATION: _____

Morning Routine

- **BUSINESS TASKS**
    1. _____
    2. _____
    3. _____

- **LIFE TASKS**
    1. _____
    2. _____
    3. _____

DO

DELEGATE

DECIDE

Evening Check-In

- IN WHAT AREAS OF LIFE OR BUSINESS DID YOU **WIN**?

- WHICH **INCOMPLETE TASKS** CAN YOU DO TOMORROW?

- HOW DID YOU **TAKE CARE OF YOURSELF** TODAY? *#SelfCareCheckIn*

- WHAT ARE YOU **GRATEFUL** FOR THIS EVENING? *#GratitudeCheckIn*

"Yesterday is history, tomorrow is a mystery, today is a gift of God, which is why we call it the present." BIL KEANE

__ / __ / 20__

M T W T F S S

TODAY'S AFFIRMATION: _____

"Fortune does favor the bold and you'll never know what you're capable of if you don't try." — SHERYL SANDBERG

Morning Routine

- **BUSINESS TASKS**
    1. _____
    2. _____
    3. _____

- **LIFE TASKS**
    1. _____
    2. _____
    3. _____

{
DO

DELEGATE

DECIDE
}

Evening Check-In

- IN WHAT AREAS OF LIFE OR BUSINESS DID YOU **WIN**?

- WHICH **INCOMPLETE TASKS** CAN YOU DO TOMORROW?

- HOW DID YOU **TAKE CARE OF YOURSELF** TODAY? *#SelfCareCheckIn*

- WHAT ARE YOU **GRATEFUL** FOR THIS EVENING? *#GratitudeCheckIn*

__ / __ / 20__

M T W T F S S

TODAY'S AFFIRMATION: _____

Morning Routine

- **BUSINESS TASKS**
    1. _____
    2. _____
    3. _____

- **LIFE TASKS**
    1. _____
    2. _____
    3. _____

DO

DELEGATE

DECIDE

"Happiness does not come from a job. It comes from knowing what you truly value, and behaving in a way that's consistent with those beliefs." — MIKE ROWE

Evening Check-In

- IN WHAT AREAS OF LIFE OR BUSINESS DID YOU **WIN**?

- WHICH **INCOMPLETE TASKS** CAN YOU DO TOMORROW?

- HOW DID YOU **TAKE CARE OF YOURSELF** TODAY? *#SelfCareCheckIn*

- WHAT ARE YOU **GRATEFUL** FOR THIS EVENING? *#GratitudeCheckIn*

__ / __ / 20__
M T W T F S S

TODAY'S AFFIRMATION: _____

> "When one door closes another opens but all too often there is a long hallway in between." RICK JAROW

Morning Routine

- **BUSINESS TASKS**
  1. _____
  2. _____
  3. _____

- **LIFE TASKS**
  1. _____
  2. _____
  3. _____

DO

DELEGATE

DECIDE

Evening Check-In

- IN WHAT AREAS OF LIFE OR BUSINESS DID YOU **WIN**?

- WHICH **INCOMPLETE TASKS** CAN YOU DO TOMORROW?

- HOW DID YOU **TAKE CARE OF YOURSELF** TODAY? *#SelfCareCheckIn*

- WHAT ARE YOU **GRATEFUL** FOR THIS EVENING? *#GratitudeCheckIn*

Weekly Review

- HOW DID YOU **WIN** THIS WEEK?

  _____
  _____
  _____

- IN WHAT AREAS DID YOU **FALL SHORT**?

  _____
  _____
  _____

- HOW CAN YOU **IMPROVE** NEXT WEEK?

  _____
  _____
  _____

- WHAT WAS YOUR **REWARD** FOR COMPLETING YOUR PLANNER THIS WEEK?

  _____

Monthly Check-In

- WHAT WERE YOUR **WINS** THIS MONTH?
  _____
  _____
  _____

- IN WHAT AREAS DID YOU **FALL SHORT**?
  _____
  _____
  _____

- HOW CAN YOU **IMPROVE** NEXT MONTH?
  _____
  _____
  _____

- NOTES:
  _____
  _____
  _____

Weekly Prioritization

	URGENT	NOT URGENT
IMPORTANT	{DO}	{DECIDE}
NOT IMPORTANT	{DELEGATE}	{DELETE}

Weekly Planning

- TOP 3 **BUSINESS** TASKS:

    1. _____
    2. _____
    3. _____

- TOP 3 **LIFE** TASKS:

    1. _____
    2. _____
    3. _____

- MY **AFFIRMATION** FOR THE WEEK:

    _____
    _____
    _____

- HOW WILL YOU **REWARD** YOURSELF FOR COMPLETING YOUR SYNERGY IN 7 LIST?

    _____

__ / __ / 20__

M T W T F S S

TODAY'S AFFIRMATION: _____

Morning Routine

- **BUSINESS TASKS**
    1. _____
    2. _____
    3. _____

- **LIFE TASKS**
    1. _____
    2. _____
    3. _____

DO

DELEGATE

DECIDE

"One day, in retrospect, the years of struggle will strike you as the most beautiful." SIGMUND FREUD

Evening Check-In

- IN WHAT AREAS OF LIFE OR BUSINESS DID YOU **WIN**?

- WHICH **INCOMPLETE TASKS** CAN YOU DO TOMORROW?

- HOW DID YOU **TAKE CARE OF YOURSELF** TODAY? *#SelfCareCheckIn*

- WHAT ARE YOU **GRATEFUL** FOR THIS EVENING? *#GratitudeCheckIn*

__ / __ / 20__
M T W T F S S

TODAY'S AFFIRMATION: _____

Morning Routine

- **BUSINESS TASKS**
    1. _____
    2. _____
    3. _____

- **LIFE TASKS**
    1. _____
    2. _____
    3. _____

DO

DELEGATE

DECIDE

"Let your plans be dark and impenetrable as night, and when you move, fall like a thunderbolt." — SUN TZU

Evening Check-In

- IN WHAT AREAS OF LIFE OR BUSINESS DID YOU **WIN**?

- WHICH **INCOMPLETE TASKS** CAN YOU DO TOMORROW?

- HOW DID YOU **TAKE CARE OF YOURSELF** TODAY? *#SelfCareCheckIn*

- WHAT ARE YOU **GRATEFUL** FOR THIS EVENING? *#GratitudeCheckIn*

__ / __ / 20__

M T W T F S S

TODAY'S AFFIRMATION: _____

Morning Routine

- **BUSINESS TASKS**
  1. _____
  2. _____
  3. _____

- **LIFE TASKS**
  1. _____
  2. _____
  3. _____

DO

DELEGATE

DECIDE

"Rejection is an opportunity for your selection." BERNARD BRANSON

Evening Check-In

- IN WHAT AREAS OF LIFE OR BUSINESS DID YOU **WIN**?

- WHICH **INCOMPLETE TASKS** CAN YOU DO TOMORROW?

- HOW DID YOU **TAKE CARE OF YOURSELF** TODAY? *#SelfCareCheckIn*

- WHAT ARE YOU **GRATEFUL** FOR THIS EVENING? *#GratitudeCheckIn*

__ / __ / 20 __
M T W T F S S

TODAY'S AFFIRMATION: _____

Morning Routine

- **BUSINESS TASKS**
    1. _____
    2. _____
    3. _____

- **LIFE TASKS**
    1. _____
    2. _____
    3. _____

{ DO

DELEGATE

DECIDE }

"Practice does not make perfect. Perfect practice makes perfect." — VINCE LOMBARDI JR.

Evening Check-In

- IN WHAT AREAS OF LIFE OR BUSINESS DID YOU **WIN**?

- WHICH **INCOMPLETE TASKS** CAN YOU DO TOMORROW?

- HOW DID YOU **TAKE CARE OF YOURSELF** TODAY? *#SelfCareCheckIn*

- WHAT ARE YOU **GRATEFUL** FOR THIS EVENING? *#GratitudeCheckIn*

_ _ / _ _ / 20 _ _

M T W T F S S

TODAY'S AFFIRMATION: _____

Morning Routine

- **BUSINESS TASKS**
  1. _____
  2. _____
  3. _____

- **LIFE TASKS**
  1. _____
  2. _____
  3. _____

DO

DELEGATE

DECIDE

Evening Check-In

- IN WHAT AREAS OF LIFE OR BUSINESS DID YOU **WIN**?

- WHICH **INCOMPLETE TASKS** CAN YOU DO TOMORROW?

- HOW DID YOU **TAKE CARE OF YOURSELF** TODAY? *#SelfCareCheckIn*

- WHAT ARE YOU **GRATEFUL** FOR THIS EVENING? *#GratitudeCheckIn*

"To escape fear, you have to go through it, not around." RICHIE NORTON

__ / __ / 20__
M T W T F S S

TODAY'S AFFIRMATION: _____

Morning Routine

- **BUSINESS TASKS**
    1. _____
    2. _____
    3. _____

- **LIFE TASKS**
    1. _____
    2. _____
    3. _____

DO

DELEGATE

DECIDE

"If you want to change the fruits, you will first have to change the roots. If you want to change the visible, you must first change the invisible." — T. HARV EKER

Evening Check-In

- IN WHAT AREAS OF LIFE OR BUSINESS DID YOU **WIN**?

- WHICH **INCOMPLETE TASKS** CAN YOU DO TOMORROW?

- HOW DID YOU **TAKE CARE OF YOURSELF** TODAY? *#SelfCareCheckIn*

- WHAT ARE YOU **GRATEFUL** FOR THIS EVENING? *#GratitudeCheckIn*

__ / __ / 20__

M T W T F S S

TODAY'S AFFIRMATION: _____

Morning Routine

- **BUSINESS TASKS**
    1. _____
    2. _____
    3. _____

- **LIFE TASKS**
    1. _____
    2. _____
    3. _____

DO

DELEGATE

DECIDE

"You become what you think about" NAPOLEON HILL

Evening Check-In

- IN WHAT AREAS OF LIFE OR BUSINESS DID YOU **WIN**?

- WHICH **INCOMPLETE TASKS** CAN YOU DO TOMORROW?

- HOW DID YOU **TAKE CARE OF YOURSELF** TODAY? *#SelfCareCheckIn*

- WHAT ARE YOU **GRATEFUL** FOR THIS EVENING? *#GratitudeCheckIn*

Weekly Review

- HOW DID YOU **WIN** THIS WEEK?

  _____
  _____
  _____

- IN WHAT AREAS DID YOU **FALL SHORT**?

  _____
  _____
  _____

- HOW CAN YOU **IMPROVE** NEXT WEEK?

  _____
  _____
  _____

- WHAT WAS YOUR **REWARD** FOR COMPLETING YOUR PLANNER THIS WEEK?

  _____

Weekly Prioritization

	URGENT	NOT URGENT
IMPORTANT	{DO}	{DECIDE}
NOT IMPORTANT	{DELEGATE}	{DELETE}

Weekly Planning

- TOP 3 **BUSINESS** TASKS:

    1. _____
    2. _____
    3. _____

- TOP 3 **LIFE** TASKS:

    1. _____
    2. _____
    3. _____

- MY **AFFIRMATION** FOR THE WEEK:

    _____
    _____
    _____

- HOW WILL YOU **REWARD** YOURSELF FOR COMPLETING YOUR SYNERGY IN 7 LIST?

    _____

__ / __ / 20__
M T W T F S S

TODAY'S AFFIRMATION: _____

Morning Routine

- **BUSINESS TASKS**
    1. _____
    2. _____
    3. _____

- **LIFE TASKS**
    1. _____
    2. _____
    3. _____

DO

DELEGATE

DECIDE

"Where we fall are the stepping-stones for our journey." LOLLY DASKAL

Evening Check-In

- IN WHAT AREAS OF LIFE OR BUSINESS DID YOU **WIN**?

- WHICH **INCOMPLETE TASKS** CAN YOU DO TOMORROW?

- HOW DID YOU **TAKE CARE OF YOURSELF** TODAY? *#SelfCareCheckIn*

- WHAT ARE YOU **GRATEFUL** FOR THIS EVENING? *#GratitudeCheckIn*

__ / __ / 20__
M T W T F S S

TODAY'S AFFIRMATION: _____

Morning Routine

- **BUSINESS TASKS**
    1. _____
    2. _____
    3. _____

- **LIFE TASKS**
    1. _____
    2. _____
    3. _____

{ DO

DELEGATE

DECIDE }

"Cream always rises to the top…so do good leaders" — JOHN PAUL WARREN

Evening Check-In

- IN WHAT AREAS OF LIFE OR BUSINESS DID YOU **WIN**?

- WHICH **INCOMPLETE TASKS** CAN YOU DO TOMORROW?

- HOW DID YOU **TAKE CARE OF YOURSELF** TODAY? *#SelfCareCheckIn*

- WHAT ARE YOU **GRATEFUL** FOR THIS EVENING? *#GratitudeCheckIn*

__ / __ / 20__
M T W T F S S

TODAY'S AFFIRMATION: _____

Morning Routine

- **BUSINESS TASKS**
    1. _____
    2. _____
    3. _____

- **LIFE TASKS**
    1. _____
    2. _____
    3. _____

DO

DELEGATE

DECIDE

Evening Check-In

- IN WHAT AREAS OF LIFE OR BUSINESS DID YOU **WIN**?

- WHICH **INCOMPLETE TASKS** CAN YOU DO TOMORROW?

- HOW DID YOU **TAKE CARE OF YOURSELF** TODAY? *#SelfCareCheckIn*

- WHAT ARE YOU **GRATEFUL** FOR THIS EVENING? *#GratitudeCheckIn*

"I used to use business to make money. But I've learned that business is a tool. You can use it to support what you believe in." PO BRONSON

__ / __ / 20__

M T W T F S S

TODAY'S AFFIRMATION: _____

Morning Routine

- **BUSINESS TASKS**
  1. _____
  2. _____
  3. _____

- **LIFE TASKS**
  1. _____
  2. _____
  3. _____

{ DO

DELEGATE

DECIDE }

"Patience is a virtue not a vice." JAACHYNMA N.E. AGU

Evening Check-In

- IN WHAT AREAS OF LIFE OR BUSINESS DID YOU **WIN**?

- WHICH **INCOMPLETE TASKS** CAN YOU DO TOMORROW?

- HOW DID YOU **TAKE CARE OF YOURSELF** TODAY? *#SelfCareCheckIn*

- WHAT ARE YOU **GRATEFUL** FOR THIS EVENING? *#GratitudeCheckIn*

__ / __ / 20__

M T W T F S S

TODAY'S AFFIRMATION: _____

Morning Routine

- **BUSINESS TASKS**
    1. _____
    2. _____
    3. _____

- **LIFE TASKS**
    1. _____
    2. _____
    3. _____

DO

DELEGATE

DECIDE

Evening Check-In

- IN WHAT AREAS OF LIFE OR BUSINESS DID YOU **WIN**?

- WHICH **INCOMPLETE TASKS** CAN YOU DO TOMORROW?

- HOW DID YOU **TAKE CARE OF YOURSELF** TODAY? *#SelfCareCheckIn*

- WHAT ARE YOU **GRATEFUL** FOR THIS EVENING? *#GratitudeCheckIn*

"Though nobody can go back and make a new beginning... Anyone can start over and make a new ending." CHICO XAVIER

__ / __ / 20__

M T W T F S S

TODAY'S **AFFIRMATION:** _____
_____

Morning Routine

- **BUSINESS TASKS**
    1. _____
    2. _____
    3. _____

- **LIFE TASKS**
    1. _____
    2. _____
    3. _____

{ DO

DELEGATE

DECIDE }

"The trouble is if you don't spend your life yourself, other people spend it for you." PETER SHAFFER

Evening Check-In

- IN WHAT AREAS OF LIFE OR BUSINESS DID YOU **WIN**?

- WHICH **INCOMPLETE TASKS** CAN YOU DO TOMORROW?

- HOW DID YOU **TAKE CARE OF YOURSELF** TODAY? *#SelfCareCheckIn*

- WHAT ARE YOU **GRATEFUL** FOR THIS EVENING? *#GratitudeCheckIn*

__ / __ / 20__

M T W T F S S

TODAY'S AFFIRMATION: _____

Morning Routine

- **BUSINESS TASKS**
    1. _____
    2. _____
    3. _____

- **LIFE TASKS**
    1. _____
    2. _____
    3. _____

DO

DELEGATE

DECIDE

Evening Check-In

- IN WHAT AREAS OF LIFE OR BUSINESS DID YOU **WIN**?

- WHICH **INCOMPLETE TASKS** CAN YOU DO TOMORROW?

- HOW DID YOU **TAKE CARE OF YOURSELF** TODAY? *#SelfCareCheckIn*

- WHAT ARE YOU **GRATEFUL** FOR THIS EVENING? *#GratitudeCheckIn*

"We are addicted to our thoughts. We cannot change anything if we cannot change our thinking." SANTOSH KALWAR

Weekly Review

- HOW DID YOU **WIN** THIS WEEK?

  _____
  _____
  _____

- IN WHAT AREAS DID YOU **FALL SHORT**?

  _____
  _____
  _____

- HOW CAN YOU **IMPROVE** NEXT WEEK?

  _____
  _____
  _____

- WHAT WAS YOUR **REWARD** FOR COMPLETING YOUR PLANNER THIS WEEK?

  _____

Weekly Prioritization

	URGENT	NOT URGENT
IMPORTANT	{DO}	{DECIDE}
NOT IMPORTANT	{DELEGATE}	{DELETE}

Weekly Planning

- TOP 3 **BUSINESS** TASKS:

    1. _____
    2. _____
    3. _____

- TOP 3 **LIFE** TASKS:

    1. _____
    2. _____
    3. _____

- MY **AFFIRMATION** FOR THE WEEK:

    _____
    _____
    _____

- HOW WILL YOU **REWARD** YOURSELF FOR COMPLETING YOUR SYNERGY IN 7 LIST?

    _____

__ / __ / 20__
M T W T F S S

TODAY'S AFFIRMATION: _____
_____

Morning Routine

- **BUSINESS TASKS**
  1. _____
  2. _____
  3. _____

- **LIFE TASKS**
  1. _____
  2. _____
  3. _____

DO

DELEGATE

DECIDE

"I have learned all kinds of things from my many mistakes. The one thing I never learn is to stop making them." JOE ABERCROMBIE

Evening Check-In

- IN WHAT AREAS OF LIFE OR BUSINESS DID YOU **WIN**?

- WHICH **INCOMPLETE TASKS** CAN YOU DO TOMORROW?

- HOW DID YOU **TAKE CARE OF YOURSELF** TODAY? *#SelfCareCheckIn*

- WHAT ARE YOU **GRATEFUL** FOR THIS EVENING? *#GratitudeCheckIn*

__ / __ / 20__

M T W T F S S

TODAY'S AFFIRMATION: _____

Morning Routine

- **BUSINESS TASKS**
    1. _____
    2. _____
    3. _____

- **LIFE TASKS**
    1. _____
    2. _____
    3. _____

{ DO

DELEGATE

DECIDE }

"Just like there's always time for pain, there's always time for healing." — JENNIFER BROWN

Evening Check-In

- IN WHAT AREAS OF LIFE OR BUSINESS DID YOU **WIN**?

- WHICH **INCOMPLETE TASKS** CAN YOU DO TOMORROW?

- HOW DID YOU **TAKE CARE OF YOURSELF** TODAY? *#SelfCareCheckIn*

- WHAT ARE YOU **GRATEFUL** FOR THIS EVENING? *#GratitudeCheckIn*

__ / __ / 20 __

M T W T F S S

TODAY'S AFFIRMATION: _____

Morning Routine

"Don't be intimidated by other people's opinions. Only mediocrity is sure of itself, so take risks and do what you really want to do." — PAULO COELHO

- **BUSINESS TASKS**
  1. _____
  2. _____
  3. _____

- **LIFE TASKS**
  1. _____
  2. _____
  3. _____

DO

DELEGATE

DECIDE

Evening Check-In

- IN WHAT AREAS OF LIFE OR BUSINESS DID YOU **WIN**?

- WHICH **INCOMPLETE TASKS** CAN YOU DO TOMORROW?

- HOW DID YOU **TAKE CARE OF YOURSELF** TODAY? *#SelfCareCheckIn*

- WHAT ARE YOU **GRATEFUL** FOR THIS EVENING? *#GratitudeCheckIn*

__ / __ / 20__

M T W T F S S

TODAY'S AFFIRMATION: _____

Morning Routine

- **BUSINESS TASKS**
    1. _____
    2. _____
    3. _____

- **LIFE TASKS**
    1. _____
    2. _____
    3. _____

Evening Check-In

- IN WHAT AREAS OF LIFE OR BUSINESS DID YOU **WIN**?

- WHICH **INCOMPLETE TASKS** CAN YOU DO TOMORROW?

- HOW DID YOU **TAKE CARE OF YOURSELF** TODAY? *#SelfCareCheckIn*

- WHAT ARE YOU **GRATEFUL** FOR THIS EVENING? *#GratitudeCheckIn*

DO

DELEGATE

DECIDE

"Most things break, including hearts. The lessons of life amount not to wisdom, but to scar tissue and callus." — WALLACE STEGNER

__ / __ / 20__

M T W T F S S

TODAY'S AFFIRMATION: _____

Morning Routine

- **BUSINESS TASKS**
    1. _____
    2. _____
    3. _____

- **LIFE TASKS**
    1. _____
    2. _____
    3. _____

{ DO

DELEGATE

DECIDE }

"The energy of the mind is the essence of life." ARISTOTLE

Evening Check-In

- IN WHAT AREAS OF LIFE OR BUSINESS DID YOU **WIN**?

- WHICH **INCOMPLETE TASKS** CAN YOU DO TOMORROW?

- HOW DID YOU **TAKE CARE OF YOURSELF** TODAY? *#SelfCareCheckIn*

- WHAT ARE YOU **GRATEFUL** FOR THIS EVENING? *#GratitudeCheckIn*

__ / __ / 20__

M T W T F S S

TODAY'S AFFIRMATION: _____
_____

Morning Routine

- **BUSINESS TASKS**
    1. _____
    2. _____
    3. _____

- **LIFE TASKS**
    1. _____
    2. _____
    3. _____

{ DO

DELEGATE

DECIDE }

"Some beautiful paths can't be discovered without getting lost." — EROL OZAN

Evening Check-In

- IN WHAT AREAS OF LIFE OR BUSINESS DID YOU **WIN**?

- WHICH **INCOMPLETE TASKS** CAN YOU DO TOMORROW?

- HOW DID YOU **TAKE CARE OF YOURSELF** TODAY? *#SelfCareCheckIn*

- WHAT ARE YOU **GRATEFUL** FOR THIS EVENING? *#GratitudeCheckIn*

__ / __ / 20__

M T W T F S S

TODAY'S AFFIRMATION: _____

"Focus on making yourself better, not on thinking that you are better." BOHDI SANDERS

Morning Routine

- **BUSINESS TASKS**
    1. _____
    2. _____
    3. _____

- **LIFE TASKS**
    1. _____
    2. _____
    3. _____

{ DO

DELEGATE

DECIDE }

Evening Check-In

- IN WHAT AREAS OF LIFE OR BUSINESS DID YOU **WIN**?

- WHICH **INCOMPLETE TASKS** CAN YOU DO TOMORROW?

- HOW DID YOU **TAKE CARE OF YOURSELF** TODAY? *#SelfCareCheckIn*

- WHAT ARE YOU **GRATEFUL** FOR THIS EVENING? *#GratitudeCheckIn*

Weekly Review

- HOW DID YOU **WIN** THIS WEEK?

  _____
  _____
  _____

- IN WHAT AREAS DID YOU **FALL SHORT**?

  _____
  _____
  _____

- HOW CAN YOU **IMPROVE** NEXT WEEK?

  _____
  _____
  _____

- WHAT WAS YOUR **REWARD** FOR COMPLETING YOUR PLANNER THIS WEEK?

  _____

Weekly Prioritization

	URGENT	NOT URGENT
IMPORTANT	{DO}	{DECIDE}
NOT IMPORTANT	{DELEGATE}	{DELETE}

Weekly Planning

- TOP 3 **BUSINESS** TASKS:

    1. _____
    2. _____
    3. _____

- TOP 3 **LIFE** TASKS:

    1. _____
    2. _____
    3. _____

- MY **AFFIRMATION** FOR THE WEEK:

    _____
    _____
    _____

- HOW WILL YOU **REWARD** YOURSELF FOR COMPLETING YOUR SYNERGY IN 7 LIST?

    _____

__ / __ / 20__

M T W T F S S

TODAY'S _____
AFFIRMATION: _____

"What a waste my life would be without all the beautiful mistakes I've made." ALICE BAG

Morning Routine

- **BUSINESS TASKS**
  1. _____
  2. _____
  3. _____

- **LIFE TASKS**
  1. _____
  2. _____
  3. _____

{ DO

DELEGATE

DECIDE }

Evening Check-In

- IN WHAT AREAS OF LIFE OR BUSINESS DID YOU **WIN**?

- WHICH **INCOMPLETE TASKS** CAN YOU DO TOMORROW?

- HOW DID YOU **TAKE CARE OF YOURSELF** TODAY? *#SelfCareCheckIn*

- WHAT ARE YOU **GRATEFUL** FOR THIS EVENING? *#GratitudeCheckIn*

__ / __ / 20__

M T W T F S S

TODAY'S AFFIRMATION: _____

Morning Routine

- **BUSINESS TASKS**
    1. _____
    2. _____
    3. _____

- **LIFE TASKS**
    1. _____
    2. _____
    3. _____

{ DO

DELEGATE

DECIDE }

"In breaking away from the familiar and the expected, you'll be forced and privileged to face greater challenges, learn harder lessons, and really get to know yourself." **KELLY CUTRONE**

Evening Check-In

- IN WHAT AREAS OF LIFE OR BUSINESS DID YOU **WIN**?

- WHICH **INCOMPLETE TASKS** CAN YOU DO TOMORROW?

- HOW DID YOU **TAKE CARE OF YOURSELF** TODAY? *#SelfCareCheckIn*

- WHAT ARE YOU **GRATEFUL** FOR THIS EVENING? *#GratitudeCheckIn*

__ / __ / 20__

M T W T F S S

TODAY'S AFFIRMATION: _____

Morning Routine

- **BUSINESS TASKS**
    1. _____
    2. _____
    3. _____

- **LIFE TASKS**
    1. _____
    2. _____
    3. _____

DO

DELEGATE

DECIDE

"Listen to what you know instead of what you fear." RICHARD BACH

Evening Check-In

- IN WHAT AREAS OF LIFE OR BUSINESS DID YOU **WIN**?

- WHICH **INCOMPLETE TASKS** CAN YOU DO TOMORROW?

- HOW DID YOU **TAKE CARE OF YOURSELF** TODAY? *#SelfCareCheckIn*

- WHAT ARE YOU **GRATEFUL** FOR THIS EVENING? *#GratitudeCheckIn*

__ / __ / 20__

M T W T F S S

TODAY'S AFFIRMATION: _____

Morning Routine

- **BUSINESS TASKS**
    1. _____
    2. _____
    3. _____

- **LIFE TASKS**
    1. _____
    2. _____
    3. _____

DO

DELEGATE

DECIDE

"Trust yourself. You know more than you think you do." — BENJAMIN SPOCK

Evening Check-In

- IN WHAT AREAS OF LIFE OR BUSINESS DID YOU **WIN**?

- WHICH **INCOMPLETE TASKS** CAN YOU DO TOMORROW?

- HOW DID YOU **TAKE CARE OF YOURSELF** TODAY? *#SelfCareCheckIn*

- WHAT ARE YOU **GRATEFUL** FOR THIS EVENING? *#GratitudeCheckIn*

__ / __ / 20__

M T W T F S S

TODAY'S _____
AFFIRMATION: _____

Morning Routine

- **BUSINESS TASKS**
  1. _____
  2. _____
  3. _____

- **LIFE TASKS**
  1. _____
  2. _____
  3. _____

DO

DELEGATE

DECIDE

Evening Check-In

- IN WHAT AREAS OF LIFE OR BUSINESS DID YOU **WIN**?

- WHICH **INCOMPLETE TASKS** CAN YOU DO TOMORROW?

- HOW DID YOU **TAKE CARE OF YOURSELF** TODAY? *#SelfCareCheckIn*

- WHAT ARE YOU **GRATEFUL** FOR THIS EVENING? *#GratitudeCheckIn*

"We often miss opportunity because it's dressed in overalls and looks like work" THOMAS A. EDISON

__ / __ / 20__

M T W T F S S

TODAY'S AFFIRMATION: _____

Morning Routine

- **BUSINESS TASKS**
    1. _____
    2. _____
    3. _____

- **LIFE TASKS**
    1. _____
    2. _____
    3. _____

DO

DELEGATE

DECIDE

Evening Check-In

- IN WHAT AREAS OF LIFE OR BUSINESS DID YOU **WIN**?

- WHICH **INCOMPLETE TASKS** CAN YOU DO TOMORROW?

- HOW DID YOU **TAKE CARE OF YOURSELF** TODAY? *#SelfCareCheckIn*

- WHAT ARE YOU **GRATEFUL** FOR THIS EVENING? *#GratitudeCheckIn*

"Hide not your talents, they for use were made, what's a sundial in the shade?" BENJAMIN FRANKLIN

__ / __ / 20__

M T W T F S S

TODAY'S AFFIRMATION: _____

"If you want something new, you have to stop doing something old" PETER F. DRUCKER

Morning Routine

- **BUSINESS TASKS**
  1. _____
  2. _____
  3. _____

- **LIFE TASKS**
  1. _____
  2. _____
  3. _____

{ DO

DELEGATE

DECIDE }

Evening Check-In

- IN WHAT AREAS OF LIFE OR BUSINESS DID YOU **WIN**?

- WHICH **INCOMPLETE TASKS** CAN YOU DO TOMORROW?

- HOW DID YOU **TAKE CARE OF YOURSELF** TODAY? *#SelfCareCheckIn*

- WHAT ARE YOU **GRATEFUL** FOR THIS EVENING? *#GratitudeCheckIn*

Weekly Review

- HOW DID YOU **WIN** THIS WEEK?

  _____
  _____
  _____

- IN WHAT AREAS DID YOU **FALL SHORT**?

  _____
  _____
  _____

- HOW CAN YOU **IMPROVE** NEXT WEEK?

  _____
  _____
  _____

- WHAT WAS YOUR **REWARD** FOR COMPLETING YOUR PLANNER THIS WEEK?

  _____

Monthly Check-In

- WHAT WERE YOUR **WINS** THIS MONTH?
  _____
  _____
  _____

- IN WHAT AREAS DID YOU **FALL SHORT**?
  _____
  _____
  _____

- HOW CAN YOU **IMPROVE** NEXT MONTH?
  _____
  _____
  _____

- NOTES:
  _____
  _____
  _____

Weekly Prioritization

	URGENT	NOT URGENT
IMPORTANT	{DO}	{DECIDE}
NOT IMPORTANT	{DELEGATE}	{DELETE}

Weekly Planning

- TOP 3 **BUSINESS** TASKS:

    1. _____
    2. _____
    3. _____

- TOP 3 **LIFE** TASKS:

    1. _____
    2. _____
    3. _____

- MY **AFFIRMATION** FOR THE WEEK:

    _____
    _____
    _____

- HOW WILL YOU **REWARD** YOURSELF FOR COMPLETING YOUR SYNERGY IN 7 LIST?

    _____

__ / __ / 20__

M T W T F S S

TODAY'S AFFIRMATION: _____

Morning Routine

- **BUSINESS TASKS**
    1. _____
    2. _____
    3. _____

- **LIFE TASKS**
    1. _____
    2. _____
    3. _____

DO

DELEGATE

DECIDE

Evening Check-In

- IN WHAT AREAS OF LIFE OR BUSINESS DID YOU **WIN**?

- WHICH **INCOMPLETE TASKS** CAN YOU DO TOMORROW?

- HOW DID YOU **TAKE CARE OF YOURSELF** TODAY? *#SelfCareCheckIn*

- WHAT ARE YOU **GRATEFUL** FOR THIS EVENING? *#GratitudeCheckIn*

"If you care about what you do and work hard at it, there isn't anything you can't do if you want to." JIM HENSON

__ / __ / 20__
M T W T F S S

TODAY'S AFFIRMATION: _____

Morning Routine

- **BUSINESS TASKS**
    1. _____
    2. _____
    3. _____

- **LIFE TASKS**
    1. _____
    2. _____
    3. _____

DO

DELEGATE

DECIDE

"Inspiration usually comes during work rather than before it." — MADELEINE L'ENGLE

Evening Check-In

- IN WHAT AREAS OF LIFE OR BUSINESS DID YOU **WIN**?

- WHICH **INCOMPLETE TASKS** CAN YOU DO TOMORROW?

- HOW DID YOU **TAKE CARE OF YOURSELF** TODAY? *#SelfCareCheckIn*

- WHAT ARE YOU **GRATEFUL** FOR THIS EVENING? *#GratitudeCheckIn*

__ / __ / 20__
M T W T F S S

TODAY'S _____
AFFIRMATION: _____

"Do not whine... Do not complain. Work harder. Spend more time alone." JOAN DIDION

Morning Routine

- **BUSINESS TASKS**
  1. _____
  2. _____
  3. _____

- **LIFE TASKS**
  1. _____
  2. _____
  3. _____

DO

DELEGATE

DECIDE

Evening Check-In

- IN WHAT AREAS OF LIFE OR BUSINESS DID YOU **WIN**?

- WHICH **INCOMPLETE TASKS** CAN YOU DO TOMORROW?

- HOW DID YOU **TAKE CARE OF YOURSELF** TODAY? *#SelfCareCheckIn*

- WHAT ARE YOU **GRATEFUL** FOR THIS EVENING? *#GratitudeCheckIn*

__ / __ / 20 __
M T W T F S S

TODAY'S AFFIRMATION: _____

Morning Routine

- **BUSINESS TASKS**
    1. _____
    2. _____
    3. _____

- **LIFE TASKS**
    1. _____
    2. _____
    3. _____

{ DO

DELEGATE

DECIDE }

"The greatest weariness comes from work not done." — ERIC HOFFER

Evening Check-In

- IN WHAT AREAS OF LIFE OR BUSINESS DID YOU **WIN**?

- WHICH **INCOMPLETE TASKS** CAN YOU DO TOMORROW?

- HOW DID YOU **TAKE CARE OF YOURSELF** TODAY? *#SelfCareCheckIn*

- WHAT ARE YOU **GRATEFUL** FOR THIS EVENING? *#GratitudeCheckIn*

__ / __ / 20__

M T W T F S S

TODAY'S AFFIRMATION: _____

Morning Routine

- **BUSINESS TASKS**
  1. _____
  2. _____
  3. _____

- **LIFE TASKS**
  1. _____
  2. _____
  3. _____

{ DO

DELEGATE

DECIDE }

"It is quality rather than quantity that matters." SENECA

Evening Check-In

- IN WHAT AREAS OF LIFE OR BUSINESS DID YOU **WIN**?

- WHICH **INCOMPLETE TASKS** CAN YOU DO TOMORROW?

- HOW DID YOU **TAKE CARE OF YOURSELF** TODAY? *#SelfCareCheckIn*

- WHAT ARE YOU **GRATEFUL** FOR THIS EVENING? *#GratitudeCheckIn*

__ / __ / 20__
M T W T F S S

TODAY'S AFFIRMATION: _____

Morning Routine

- **BUSINESS TASKS**
    1. _____
    2. _____
    3. _____

- **LIFE TASKS**
    1. _____
    2. _____
    3. _____

DO

DELEGATE

DECIDE

"Perhaps this is how you know you're doing the thing you're intended to: No matter how slow or how slight your progress, you never feel that it's a waste of time." — CURTIS SITTENFELD

Evening Check-In

- IN WHAT AREAS OF LIFE OR BUSINESS DID YOU **WIN**?

- WHICH **INCOMPLETE TASKS** CAN YOU DO TOMORROW?

- HOW DID YOU **TAKE CARE OF YOURSELF** TODAY? *#SelfCareCheckIn*

- WHAT ARE YOU **GRATEFUL** FOR THIS EVENING? *#GratitudeCheckIn*

__ / __ / 20 __
M T W T F S S

TODAY'S AFFIRMATION: _____

Morning Routine

- **BUSINESS TASKS**
  1. _____
  2. _____
  3. _____

- **LIFE TASKS**
  1. _____
  2. _____
  3. _____

DO

DELEGATE

DECIDE

Evening Check-In

- IN WHAT AREAS OF LIFE OR BUSINESS DID YOU **WIN**?

- WHICH **INCOMPLETE TASKS** CAN YOU DO TOMORROW?

- HOW DID YOU **TAKE CARE OF YOURSELF** TODAY? *#SelfCareCheckIn*

- WHAT ARE YOU **GRATEFUL** FOR THIS EVENING? *#GratitudeCheckIn*

"The difference between greed and ambition is a greedy person desires things he isn't prepared to work for." HABEEB AKANDE

Weekly Review

- HOW DID YOU **WIN** THIS WEEK?

　_____
　_____
　_____

- IN WHAT AREAS DID YOU **FALL SHORT**?

　_____
　_____
　_____

- HOW CAN YOU **IMPROVE** NEXT WEEK?

　_____
　_____
　_____

- WHAT WAS YOUR **REWARD** FOR COMPLETING YOUR PLANNER THIS WEEK?

　_____

Weekly Prioritization

	URGENT	NOT URGENT
IMPORTANT	{DO}	{DECIDE}
NOT IMPORTANT	{DELEGATE}	{DELETE}

Weekly Planning

- TOP 3 **BUSINESS** TASKS:

    1. _____
    2. _____
    3. _____

- TOP 3 **LIFE** TASKS:

    1. _____
    2. _____
    3. _____

- MY **AFFIRMATION** FOR THE WEEK:

    _____
    _____
    _____

- HOW WILL YOU **REWARD** YOURSELF FOR COMPLETING YOUR SYNERGY IN 7 LIST?

    _____

__ / __ / 20__

M T W T F S S

TODAY'S AFFIRMATION: _____

Morning Routine

- **BUSINESS TASKS**
    1. _____
    2. _____
    3. _____

- **LIFE TASKS**
    1. _____
    2. _____
    3. _____

DO

DELEGATE

DECIDE

"Whatever you make, base it upon that which is most important to you. Only then will it have depth and meaning, and only then will it resonate with others." — CHRISTOPHER PAOLINI

Evening Check-In

- IN WHAT AREAS OF LIFE OR BUSINESS DID YOU **WIN**?

- WHICH **INCOMPLETE TASKS** CAN YOU DO TOMORROW?

- HOW DID YOU **TAKE CARE OF YOURSELF** TODAY? *#SelfCareCheckIn*

- WHAT ARE YOU **GRATEFUL** FOR THIS EVENING? *#GratitudeCheckIn*

__ / __ / 20__

M T W T F S S

TODAY'S AFFIRMATION: _____

Morning Routine

- **BUSINESS TASKS**
    1. _____
    2. _____
    3. _____

- **LIFE TASKS**
    1. _____
    2. _____
    3. _____

DO

DELEGATE

DECIDE

"Anything is better than stagnation." — ARTHUR CONAN DOYLE

Evening Check-In

- IN WHAT AREAS OF LIFE OR BUSINESS DID YOU **WIN**?

- WHICH **INCOMPLETE TASKS** CAN YOU DO TOMORROW?

- HOW DID YOU **TAKE CARE OF YOURSELF** TODAY? *#SelfCareCheckIn*

- WHAT ARE YOU **GRATEFUL** FOR THIS EVENING? *#GratitudeCheckIn*

__ / __ / 20__

M T W T F S S

TODAY'S AFFIRMATION: _____

"We become what we behold. We shape our tools, and thereafter our tools shape us." — MARSHALL MCLUHAN

Morning Routine

- **BUSINESS TASKS**
  1. _____
  2. _____
  3. _____

- **LIFE TASKS**
  1. _____
  2. _____
  3. _____

DO

DELEGATE

DECIDE

Evening Check-In

- IN WHAT AREAS OF LIFE OR BUSINESS DID YOU **WIN**?

- WHICH **INCOMPLETE TASKS** CAN YOU DO TOMORROW?

- HOW DID YOU **TAKE CARE OF YOURSELF** TODAY? *#SelfCareCheckIn*

- WHAT ARE YOU **GRATEFUL** FOR THIS EVENING? *#GratitudeCheckIn*

__ / __ / 20__
M T W T F S S

TODAY'S AFFIRMATION: _____
_____

Morning Routine

- **BUSINESS TASKS**
    1. _____
    2. _____
    3. _____

- **LIFE TASKS**
    1. _____
    2. _____
    3. _____

{ DO

DELEGATE

DECIDE }

"Finding the right work is like discovering your own soul in the world." — THOMAS MOORE

Evening Check-In

- IN WHAT AREAS OF LIFE OR BUSINESS DID YOU **WIN**?

- WHICH **INCOMPLETE TASKS** CAN YOU DO TOMORROW?

- HOW DID YOU **TAKE CARE OF YOURSELF** TODAY? *#SelfCareCheckIn*

- WHAT ARE YOU **GRATEFUL** FOR THIS EVENING? *#GratitudeCheckIn*

__ / __ / 20__
M T W T F S S

TODAY'S AFFIRMATION: _____

Morning Routine

- **BUSINESS TASKS**
  1. _____
  2. _____
  3. _____

- **LIFE TASKS**
  1. _____
  2. _____
  3. _____

Evening Check-In

- IN WHAT AREAS OF LIFE OR BUSINESS DID YOU **WIN**?

- WHICH **INCOMPLETE TASKS** CAN YOU DO TOMORROW?

- HOW DID YOU **TAKE CARE OF YOURSELF** TODAY? *#SelfCareCheckIn*

- WHAT ARE YOU **GRATEFUL** FOR THIS EVENING? *#GratitudeCheckIn*

DO

DELEGATE

DECIDE

"I want to be thoroughly used up when I die for the harder I work the more I live. I rejoice in life for its own sake." — GEORGE BERNARD SHAW

__ / __ / 20__
M T W T F S S

TODAY'S AFFIRMATION: _____

Morning Routine

- **BUSINESS TASKS**
    1. _____
    2. _____
    3. _____

- **LIFE TASKS**
    1. _____
    2. _____
    3. _____

DO

DELEGATE

DECIDE

Evening Check-In

- IN WHAT AREAS OF LIFE OR BUSINESS DID YOU **WIN**?

- WHICH **INCOMPLETE TASKS** CAN YOU DO TOMORROW?

- HOW DID YOU **TAKE CARE OF YOURSELF** TODAY? *#SelfCareCheckIn*

- WHAT ARE YOU **GRATEFUL** FOR THIS EVENING? *#GratitudeCheckIn*

"There is no happily-ever-after to run to. We have to work for happiness." — MARY BALOGH

__ / __ / 20__

M T W T F S S

TODAY'S AFFIRMATION: _____

"There is virtue in work and there is virtue in rest. Use both and overlook neither." ALAN COHEN

Morning Routine

- **BUSINESS TASKS**
  1. _____
  2. _____
  3. _____

- **LIFE TASKS**
  1. _____
  2. _____
  3. _____

DO

DELEGATE

DECIDE

Evening Check-In

- IN WHAT AREAS OF LIFE OR BUSINESS DID YOU **WIN**?

- WHICH **INCOMPLETE TASKS** CAN YOU DO TOMORROW?

- HOW DID YOU **TAKE CARE OF YOURSELF** TODAY? *#SelfCareCheckIn*

- WHAT ARE YOU **GRATEFUL** FOR THIS EVENING? *#GratitudeCheckIn*

Weekly Review

- HOW DID YOU **WIN** THIS WEEK?

  _____
  _____
  _____

- IN WHAT AREAS DID YOU **FALL SHORT**?

  _____
  _____
  _____

- HOW CAN YOU **IMPROVE** NEXT WEEK?

  _____
  _____
  _____

- WHAT WAS YOUR **REWARD** FOR COMPLETING YOUR PLANNER THIS WEEK?

  _____

Weekly Prioritization

	URGENT	NOT URGENT
IMPORTANT	{DO}	{DECIDE}
NOT IMPORTANT	{DELEGATE}	{DELETE}

Weekly Planning

- TOP 3 **BUSINESS** TASKS:

    1. _____
    2. _____
    3. _____

- TOP 3 **LIFE** TASKS:

    1. _____
    2. _____
    3. _____

- MY **AFFIRMATION** FOR THE WEEK:

    _____
    _____
    _____

- HOW WILL YOU **REWARD** YOURSELF FOR COMPLETING YOUR SYNERGY IN 7 LIST?

    _____

__ / __ / 20__
M T W T F S S

TODAY'S AFFIRMATION: _____

Morning Routine

- **BUSINESS TASKS**
  1. _____
  2. _____
  3. _____

- **LIFE TASKS**
  1. _____
  2. _____
  3. _____

DO

DELEGATE

DECIDE

Evening Check-In

- IN WHAT AREAS OF LIFE OR BUSINESS DID YOU **WIN**?

- WHICH **INCOMPLETE TASKS** CAN YOU DO TOMORROW?

- HOW DID YOU **TAKE CARE OF YOURSELF** TODAY? *#SelfCareCheckIn*

- WHAT ARE YOU **GRATEFUL** FOR THIS EVENING? *#GratitudeCheckIn*

"The stuff you learn beforehand will never be one-tenth as useful as the stuff you learn the hard way, on the job." HUGH MACLEOD

__ / __ / 20__
M   T   W   T   F   S   S

TODAY'S AFFIRMATION: _____
_____

Morning Routine

- **BUSINESS TASKS**
    1. _____
    2. _____
    3. _____

- **LIFE TASKS**
    1. _____
    2. _____
    3. _____

DO

DELEGATE

DECIDE

"Directing the mind to stay in the present can be a formidable task." KALLAN LOKOS

Evening Check-In

- IN WHAT AREAS OF LIFE OR BUSINESS DID YOU **WIN**?

- WHICH **INCOMPLETE TASKS** CAN YOU DO TOMORROW?

- HOW DID YOU **TAKE CARE OF YOURSELF** TODAY? *#SelfCareCheckIn*

- WHAT ARE YOU **GRATEFUL** FOR THIS EVENING? *#GratitudeCheckIn*

__ / __ / 20__

M T W T F S S

TODAY'S AFFIRMATION: _____

Morning Routine

- **BUSINESS TASKS**
  1. _____
  2. _____
  3. _____

- **LIFE TASKS**
  1. _____
  2. _____
  3. _____

{ DO

DELEGATE

DECIDE }

"Life doesn't run away from nobody. Life runs at people." JOE FRAZIER

Evening Check-In

- IN WHAT AREAS OF LIFE OR BUSINESS DID YOU **WIN**?

- WHICH **INCOMPLETE TASKS** CAN YOU DO TOMORROW?

- HOW DID YOU **TAKE CARE OF YOURSELF** TODAY? *#SelfCareCheckIn*

- WHAT ARE YOU **GRATEFUL** FOR THIS EVENING? *#GratitudeCheckIn*

__ / __ / 20__

M T W T F S S

TODAY'S AFFIRMATION: _____

Morning Routine

- **BUSINESS TASKS**
    1. _____
    2. _____
    3. _____

- **LIFE TASKS**
    1. _____
    2. _____
    3. _____

DO

DELEGATE

DECIDE

"Happiness is not something ready made. It comes from your own actions." — DALAI LAMA XIV

Evening Check-In

- IN WHAT AREAS OF LIFE OR BUSINESS DID YOU **WIN**?

- WHICH **INCOMPLETE TASKS** CAN YOU DO TOMORROW?

- HOW DID YOU **TAKE CARE OF YOURSELF** TODAY? *#SelfCareCheckIn*

- WHAT ARE YOU **GRATEFUL** FOR THIS EVENING? *#GratitudeCheckIn*

__ / __ / 20__

M T W T F S S

TODAY'S AFFIRMATION: _____

Morning Routine

- **BUSINESS TASKS**
    1. _____
    2. _____
    3. _____

- **LIFE TASKS**
    1. _____
    2. _____
    3. _____

DO

DELEGATE

DECIDE

"You do not write your life with words...You write it with actions. What you think is not important. It is only important what you do." PATRICK NESS

Evening Check-In

- IN WHAT AREAS OF LIFE OR BUSINESS DID YOU **WIN**?

- WHICH **INCOMPLETE TASKS** CAN YOU DO TOMORROW?

- HOW DID YOU **TAKE CARE OF YOURSELF** TODAY? *#SelfCareCheckIn*

- WHAT ARE YOU **GRATEFUL** FOR THIS EVENING? *#GratitudeCheckIn*

__ / __ / 20__
M T W T F S S

TODAY'S AFFIRMATION: _____

Morning Routine

- **BUSINESS TASKS**
    1. _____
    2. _____
    3. _____

- **LIFE TASKS**
    1. _____
    2. _____
    3. _____

DO

DELEGATE

DECIDE

"Sell your cleverness and buy bewilderment." RUMI

Evening Check-In

- IN WHAT AREAS OF LIFE OR BUSINESS DID YOU **WIN**?

- WHICH **INCOMPLETE TASKS** CAN YOU DO TOMORROW?

- HOW DID YOU **TAKE CARE OF YOURSELF** TODAY? *#SelfCareCheckIn*

- WHAT ARE YOU **GRATEFUL** FOR THIS EVENING? *#GratitudeCheckIn*

__ / __ / 20__

M T W T F S S

TODAY'S AFFIRMATION: _____

"Risks must be taken because the greatest hazard in life is to risk nothing." LEO F. BUSCAGLIA

Morning Routine

- **BUSINESS TASKS**
    1. _____
    2. _____
    3. _____

- **LIFE TASKS**
    1. _____
    2. _____
    3. _____

DO

DELEGATE

DECIDE

Evening Check-In

- IN WHAT AREAS OF LIFE OR BUSINESS DID YOU **WIN**?

- WHICH **INCOMPLETE TASKS** CAN YOU DO TOMORROW?

- HOW DID YOU **TAKE CARE OF YOURSELF** TODAY? *#SelfCareCheckIn*

- WHAT ARE YOU **GRATEFUL** FOR THIS EVENING? *#GratitudeCheckIn*

Weekly Review

- HOW DID YOU **WIN** THIS WEEK?

  _____
  _____
  _____

- IN WHAT AREAS DID YOU **FALL SHORT**?

  _____
  _____
  _____

- HOW CAN YOU **IMPROVE** NEXT WEEK?

  _____
  _____
  _____

- WHAT WAS YOUR **REWARD** FOR COMPLETING YOUR PLANNER THIS WEEK?

  _____

Weekly Prioritization

	URGENT	NOT URGENT
IMPORTANT	{DO}	{DECIDE}
NOT IMPORTANT	{DELEGATE}	{DELETE}

Weekly Planning

- TOP 3 **BUSINESS** TASKS:

    1. _____
    2. _____
    3. _____

- TOP 3 **LIFE** TASKS:

    1. _____
    2. _____
    3. _____

- MY **AFFIRMATION** FOR THE WEEK:

    _____
    _____
    _____

- HOW WILL YOU **REWARD** YOURSELF FOR COMPLETING YOUR SYNERGY IN 7 LIST?

    _____

__ / __ / 20__

M T W T F S S

TODAY'S AFFIRMATION: _____

Morning Routine

- **BUSINESS TASKS**
    1. _____
    2. _____
    3. _____

- **LIFE TASKS**
    1. _____
    2. _____
    3. _____

{ DO

DELEGATE

DECIDE }

"When they say the sky's the limit to me that's really true" MICHAEL JACKSON

Evening Check-In

- IN WHAT AREAS OF LIFE OR BUSINESS DID YOU **WIN**?

- WHICH **INCOMPLETE TASKS** CAN YOU DO TOMORROW?

- HOW DID YOU **TAKE CARE OF YOURSELF** TODAY? *#SelfCareCheckIn*

- WHAT ARE YOU **GRATEFUL** FOR THIS EVENING? *#GratitudeCheckIn*

__ / __ / 20 __

M T W T F S S

TODAY'S _____
AFFIRMATION: _____

Morning Routine

- **BUSINESS TASKS**
    1. _____
    2. _____
    3. _____

- **LIFE TASKS**
    1. _____
    2. _____
    3. _____

{ DO

DELEGATE

DECIDE }

Evening Check-In

- IN WHAT AREAS OF LIFE OR BUSINESS DID YOU **WIN**?

- WHICH **INCOMPLETE TASKS** CAN YOU DO TOMORROW?

- HOW DID YOU **TAKE CARE OF YOURSELF** TODAY? *#SelfCareCheckIn*

- WHAT ARE YOU **GRATEFUL** FOR THIS EVENING? *#GratitudeCheckIn*

"In order to rise from its own ashes, a Phoenix first must burn." OCTAVIA E. BUTLER

__ / __ / 20__
M T W T F S S

"We don't receive wisdom; we must discover it for ourselves after a journey that no one can take for us or spare us." — MARCEL PROUST

TODAY'S AFFIRMATION: _____

Morning Routine

- **BUSINESS TASKS**
    1. _____
    2. _____
    3. _____

- **LIFE TASKS**
    1. _____
    2. _____
    3. _____

DO

DELEGATE

DECIDE

Evening Check-In

- IN WHAT AREAS OF LIFE OR BUSINESS DID YOU **WIN**?

- WHICH **INCOMPLETE TASKS** CAN YOU DO TOMORROW?

- HOW DID YOU **TAKE CARE OF YOURSELF** TODAY? *#SelfCareCheckIn*

- WHAT ARE YOU **GRATEFUL** FOR THIS EVENING? *#GratitudeCheckIn*

__ / __ / 20__
M T W T F S S

TODAY'S AFFIRMATION: _____

Morning Routine

- **BUSINESS TASKS**
    1. _____
    2. _____
    3. _____

- **LIFE TASKS**
    1. _____
    2. _____
    3. _____

{ DO

DELEGATE

DECIDE }

"I finally know the difference between pleasing and loving, obeying and respecting. It has taken me so many years to be okay with being different, and with being this alive, this intense." — EVE ENSLER

Evening Check-In

- IN WHAT AREAS OF LIFE OR BUSINESS DID YOU **WIN**?

- WHICH **INCOMPLETE TASKS** CAN YOU DO TOMORROW?

- HOW DID YOU **TAKE CARE OF YOURSELF** TODAY? *#SelfCareCheckIn*

- WHAT ARE YOU **GRATEFUL** FOR THIS EVENING? *#GratitudeCheckIn*

__ / __ / 20__

M T W T F S S

TODAY'S AFFIRMATION: _____

"The path to success is to take massive, determined action." ANTHONY ROBBINS

Morning Routine

- **BUSINESS TASKS**
    1. _____
    2. _____
    3. _____

- **LIFE TASKS**
    1. _____
    2. _____
    3. _____

DO

DELEGATE

DECIDE

Evening Check-In

- IN WHAT AREAS OF LIFE OR BUSINESS DID YOU **WIN**?

- WHICH **INCOMPLETE TASKS** CAN YOU DO TOMORROW?

- HOW DID YOU **TAKE CARE OF YOURSELF** TODAY? *#SelfCareCheckIn*

- WHAT ARE YOU **GRATEFUL** FOR THIS EVENING? *#GratitudeCheckIn*

__ / __ / 20 __
M T W T F S S

TODAY'S AFFIRMATION: _____
_____

Morning Routine

- **BUSINESS TASKS**
    1. _____
    2. _____
    3. _____

- **LIFE TASKS**
    1. _____
    2. _____
    3. _____

{ DO

DELEGATE

DECIDE }

"Life is like riding a bicycle. To keep your balance, you must keep moving." — ALBERT EINSTEIN

Evening Check-In

- IN WHAT AREAS OF LIFE OR BUSINESS DID YOU **WIN**?

- WHICH **INCOMPLETE TASKS** CAN YOU DO TOMORROW?

- HOW DID YOU **TAKE CARE OF YOURSELF** TODAY? *#SelfCareCheckIn*

- WHAT ARE YOU **GRATEFUL** FOR THIS EVENING? *#GratitudeCheckIn*

__ / __ / 20__

M T W T F S S

TODAY'S AFFIRMATION: _____

Morning Routine

- **BUSINESS TASKS**
    1. _____
    2. _____
    3. _____

- **LIFE TASKS**
    1. _____
    2. _____
    3. _____

{ DO

DELEGATE

DECIDE }

"You only live once, but if you do it right, once is enough." MAE WEST

Evening Check-In

- IN WHAT AREAS OF LIFE OR BUSINESS DID YOU **WIN**?

- WHICH **INCOMPLETE TASKS** CAN YOU DO TOMORROW?

- HOW DID YOU **TAKE CARE OF YOURSELF** TODAY? *#SelfCareCheckIn*

- WHAT ARE YOU **GRATEFUL** FOR THIS EVENING? *#GratitudeCheckIn*

Weekly Review

- HOW DID YOU **WIN** THIS WEEK?

  _____
  _____
  _____

- IN WHAT AREAS DID YOU **FALL SHORT**?

  _____
  _____
  _____

- HOW CAN YOU **IMPROVE** NEXT WEEK?

  _____
  _____
  _____

- WHAT WAS YOUR **REWARD** FOR COMPLETING YOUR PLANNER THIS WEEK?

  _____

Monthly Check-In

- WHAT WERE YOUR **WINS** THIS MONTH?

  _____
  _____
  _____

- IN WHAT AREAS DID YOU **FALL SHORT**?

  _____
  _____
  _____

- HOW CAN YOU **IMPROVE** NEXT MONTH?

  _____
  _____
  _____

- NOTES:

  _____
  _____
  _____

About Myisha T.

Myisha T. is a Mental Wellness Advocate, digital entrepreneur and Life Synergist who keeps female entrepreneurs accountable by developing a winning mindset, defeating overwhelm, and creating sustainable solutions that lead to a Synergistic Lifestyle™.

She is a proud single mother to three different-ability children and lives in Oakland, California.

WWW.**MYISHAT**.COM

www.ingramcontent.com/pod-product-compliance
Lightning Source LLC
Chambersburg PA
CBHW080037100526
44584CB00023BA/3255